Schriften
des
Vereins für Sozialpolitik.

---

181. Band.

Probleme der sozialen Werkspolitik.

Herausgegeben von Goetz Briefs.

Dritter Teil.

Grundfragen der betrieblichen Sozialpolitik.

Von

L. H. Adolf Geck
Dr. phil., Dr. jur.

Verlag von Duncker & Humblot.
München und Leipzig 1935.

Probleme der sozialen Werkspolitik.

Herausgegeben von
Goetz Briefs.

Dritter Teil.
Grundfragen der betrieblichen Sozialpolitik.

Von
L. H. Adolf Geck
Dr. phil., Dr. jur.

Verlag von Duncker & Humblot.
München und Leipzig 1935.

Alle Rechte vorbehalten

Pierersche Hofbuchdruckerei Stephan Geibel & Co., Altenburg, Thür.

Inhaltsverzeichnis.

	Seite
Einleitung	VI
I. Die Entwicklung der tatsächlichen betrieblichen Sozialpolitik	1
II. Das Werden der betrieblichen Sozialpolitik als Wissenschaft	19
1. Die Entwicklung in Deutschland	20
2. Die Entwicklung im Auslande	35
III. Begriff, Wesen und Aufgabe der betrieblichen Sozialpolitik	54
Schlußbemerkung	77

Einleitung.

Nicht ohne Grund ist wiederholt betont worden, daß die Erörterungen um und über die betriebliche Sozialpolitik es sowohl an der begrifflichen als an der tatsächlichen Klarheit fehlen lassen[1]. Eine solche Unbestimmtheit war nur möglich, weil man sich über zwei Punkte keine ausreichende Rechenschaft gegeben hatte, 1. über die Entwicklung der betrieblichen Sozialpolitik als Tatsächlichkeit (vor allem in der Industrie, weil regelmäßig von der industriebetrieblichen Sozialpolitik gesprochen wird), 2. über das Werden der betrieblichen Sozialpolitik als Wissenschaft, bevor man sich 3. mit dem Inhalt der betrieblichen Sozialpolitik entsprechend ihrem Wesen und ihrer Aufgabe befaßte.

Diese drei Fragenkreise aufzuhellen, ist die Absicht der vorliegenden Abhandlung, die sich auf ihrem Wege der tatsächlichen und begrifflichen Klärung einer (vorläufigen) Arbeitsdefinition bedient, und zwar der Verbaldefinition. Dem Wortgehalt entsprechend gilt als betriebliche Sozialpolitik jede vom Betrieb ausgehende und jede auf den Betrieb gerichtete Sozialpolitik. Sozialpolitik ist hierbei aufzufassen nicht in dem engen Sinne des letzlich historisch-orientierten Begriffs (wie zum Beispiel bei Briefs, der Sozialpolitik als „Eingriff zugunsten bestimmter sozialer Schichten" trennt von der Gesellschaftspolitik als „Politik, die den Zusammenhang des gesellschaftlichen Gefüges betrifft"), sondern in dem ursprünglichen weiten Sinne der organischen oder ganzheitlichen Auffassung (dessen Grundlage sich bereits in der ersten Hälfte des 19. Jahrhunderts nachweisen läßt, beispielsweise 1833 in der Schrift über die soziale Frage von Jules Lechevalier). Hiernach stellt sie eine Zielstrebigkeit dar, die in ihren Maßnahmen einmal eine Ordnung des Zusammenlebens von Menschen beabsichtigt (soziale Ordnungspolitik), und die außerdem ein gewisses Wohlergehen der gesellschaftlichen Gesamtheit im Wohlergehen einzelner ihrer Schichten erreichen und erhalten will (soziale Wohlfahrtspolitik im engeren Sinne).

---

[1] Vgl. beispielsweise F. Fricke: Die soziale Betriebspolitik — ein Problem der betrieblichen Praxis! In: Vierteljahrshefte der Berliner Gewerkschaftsschule, Jahrg. 1932. S. 35—46; L. Preller, Besprechung in: Die Arbeit, Jahrg. 1933, S. 60—63.

I. Die Entwicklung der tatsächlichen betrieblichen Sozialpolitik.

Zu Beginn des Zeitalters der Fabrikindustrie, das ist um die Wende vom 18. zum 19. Jahrhundert, zeigen die Unternehmer verschiedene typische Formen von Haltungen und daraus hervorgehendem Verhalten zu ihren Arbeitern. Die einen, verwurzelt in der Jahrtausende alten Tradition des Patriarchalismus, sahen und behandelten ihre Arbeiter als ihrer „väterlichen Gewalt" anvertraute Menschen, denen sie nach Gutdünken — nicht nach Willkür! — innerhalb des Betriebs befehlen und auch weitgehend für außerhalb des Betriebs Vorschriften machen konnten, weil sie durch das Arbeitsverhältnis nicht nur mit Bezug auf die Arbeit, sondern persönlich berechtigte und — für das leibliche wie das seelische Wohlergehen der Anvertrauten — persönlich verpflichtete Führer geworden waren; ein bloßes Arbeitsverhältnis, unabhängig von der sozialen Lebensform der Familie oder in einer nicht wenigstens familienähnlichen sozialen Lebensform, lag außerhalb des Reichs ihrer Vorstellungen. Andere Unternehmer, deren Haltung aus dem Liberalismus erwuchs, wollten auf Grund des Arbeitsvertrags mit ihren Arbeitern ausschließlich durch die Arbeitsleistung und die Lohnzahlung verbunden sein; für sie entstanden im Arbeitsverhältnis keine persönlichen Beziehungen und insbesondere keine persönlichen Verpflichtungen. Zwischen diesen Antipoden standen eine Anzahl von Unternehmern, welche zwar vom Liberalismus nicht frei waren, aber doch in die Richtung des Patriarchalismus tendierten, insofern als sie in einer humanitären Haltung ihren Arbeitern aus einem Sinn menschlichteilnehmender oder menschenfreundlicher Art wohlwollend und wohltuend gegenüberstanden.

Daß diese drei typischen Formen unternehmerischen Verhaltens Ausgangspunkte und Äußerungen verschiedenartiger betrieblicher Sozialpolitik darstellen, wird nur derjenige bestreiten, welcher in seinen Erwägungen von Erscheinungen irgendwie besonders bestimmter Art ausgeht, etwa von in der Zeit nach dem Weltkrieg sich zeigenden Bestrebungen. Wer dagegen aus wissenschaftlichen oder methodischen Gründen den Begriff der betrieblichen Sozialpolitik, wie oben, weit faßt, wird — da jedem von einer Mehrzahl an Menschen in Gang gehaltenen Betrieb eine soziale Seinsordnung ursprünglich eigen ist, die erhalten oder fortgebildet werden muß — in den umschriebenen Formen patriarchalisch oder bzw. und liberal orientierten Verhaltens der Unternehmer die Ausgangspunkte aller betrieblichen Sozialpolitik des Industriezeitalters anerkennen.

Im Verlauf des Industriezeitalters ergibt sich sodann eine Entwicklung, deren Grundlinien sich typisch bezeichnen lassen als die Wege: 1. von der rein liberalen a) zur humanitären und ökonomisch-rechtlichen, b) zur humanitären und menschenökonomischen, c) zur humanitären, protektoralen und ökonomisch-rechtlichen, d) zur humanitären und paternalistischen, e) zur ökonomisch-rechtlichen, f) zur ökonomisch-rechtlichen und menschenökonomischen; 2. von der paternalistischen a) zur humanitären und ökonomisch-rechtlichen oder menschenökonomischen, b) zur protektoralen und kooperativen, c) zur protektoralen und ökonomisch-rechtlichen, d) zur kooperativen, e) zur ökonomisch-rechtlichen, menschenökonomischen und kooperativen betrieblichen Sozialpolitik. Hierbei wird in den Einzelfällen nicht immer jedes Glied durchlaufen und jeder Endpunkt erreicht[1]. Im einzelnen gilt:

Der liberalistischen betrieblichen Sozialpolitik lag die Anschauung zugrunde, daß es in dem freien Belieben nicht nur des Arbeitgebers, sondern auch jedes Arbeitnehmers stehe, in ein Arbeitsverhältnis einzutreten oder nicht; daß die Freiheit, einen Arbeitsvertrag zu schließen, jedem anheimgebe, das für ihn beste Arbeitsverhältnis auszusuchen; daß das Arbeitsverhältnis ein Vertragsverhältnis sei, in dem der Arbeitsleistung auf der einen die Lohnzahlung auf der anderen Seite entspreche und hierauf der gesamte Vertragsinhalt beschränkt bleibe. Das bedeutete formell Gleichberechtigung bis zum Vertragsabschluß, Betriebsabsolutismus nach Vertragsabschluß; tatsächlich jedoch war der Arbeiter im reinen Liberalismus dem Unternehmer nahezu

---

[1] So schon bei Geck: „Autonom-betriebliche Sozialpolitik". In: „Die soziale Frage und der Katholizismus" (herausgeg. von der Görres-Gesellschaft). Paderborn 1931. S. 320ff. Für manche Einzelheiten als Ergänzung des Folgenden vgl. außerdem Geck: „Die sozialen Arbeitsverhältnisse im Wandel der Zeit. Eine geschichtliche Einführung in die Betriebssoziologie". Berlin 1931. Siehe hier insbesondere S. 22—30 und 72—73 das über den Patriarchalismus Gesagte.

wie eine Sache ausgeliefert. Vielleicht ist der englische Großindustrielle James Nasmyth einer von den wenigen Unternehmern gewesen, welcher die liberalistische Auffassung annäherungsweise idealtypisch vertrat. Als der Präsident einer Enquête=Kommission Nasmyth fragte, was aus den bei verminderter Produktion von ihm entlassenen Arbeitern würde, antwortete er sorglos: „Ich weiß es nicht, aber ich überlasse das der Wirksamkeit der Naturgesetze, welche die Gesellschaft regieren."

Indessen, Reste patriarchalischer Haltung und Elemente ursprünglich humanitärer Haltung ließen selbst im Grunde liberal eingestellte Unternehmer zu einer humanitären betrieblichen Sozialpolitik kommen. Als Vertreter derselben können insbesondere Alfred Krupp und Wilhelm Oechelhaeuser genannt werden: Krupp, der zwar sagte, „den Leuten, die ich gebraucht habe, habe ich ihren Lohn gezahlt", der aber Wert darauf legte, daß er in persönlicher Fühlung mit seinen Arbeitern blieb, und daß es ihnen wohl ging; Oechelhaeuser, der ähnlich immer wieder die Bedeutung einer guten Behandlung der Arbeiter im Betrieb betonte.

Die Entwicklung der sozialpolitischen und insbesondere der arbeits= rechtlichen Gesetzgebung, durch die den Unternehmern mancherlei Verpflichtungen auferlegt wurden, hat dazu geführt, daß eine sehr große Zahl von Unternehmensleitungen, und zwar nicht nur liberalistische, zu einer ökonomisch=rechtlichen betrieblichen Sozialpolitik überging, indem sie das Arbeitsverhältnis als eine nach dem Vertrag ökonomisch bestimmte und nach dem Gesetz rechtlich geregelte Angelegen= heit behandelte und so einen Rückschritt in Richtung auf das liberalistische Verhalten machte. Beispiele hierzu erübrigen sich wegen der Fülle der für die Gegenwart nachweisbaren Fälle. Ein ähnlicher Rück= schritt erfolgte von der patriarchalischen Einstellung aus, deren an= fängliche Erscheinungsform im Industriezeitalter zum Unterschied von einer später entwickelten Form zweckmäßig als paternalistisch bezeichnet wird.

Wenngleich der liberalen betrieblichen Sozialpolitik schon in den ersten Zeiten der Fabrikindustrie eine große Bedeutung zukam, so er= hielt sich doch die überkommene patriarchalische Auffassung bis in das 20. Jahrhundert hinein. Sie äußerte sich einmal in der paternalisti= schen betrieblichen Sozialpolitik, bei welcher der Unternehmer Maßnahmen zugunsten der Arbeiter traf aus der Überzeugung, daß letztlich er für das leibliche und seelische Schicksal seiner Arbeiter ver=

antwortlich sei, und weil er sich — in Anbetracht der tatsächlich oder vermeintlich fehlenden Einsicht und Willensstärke bei den Arbeitern — zu einer mehr oder weniger weitreichenden Bevormundung der Arbeiter verpflichtet fühlte. Sie äußerte sich sodann in der protektoralen betrieblichen Sozialpolitik, bei welcher der Unternehmer seine Maßnahmen zugunsten der Arbeiter traf aus der Überzeugung seiner Mitverantwortlichkeit am leiblichen und seelischen Arbeiterschicksal, um die zwar selbständigen aber noch nicht zur hinreichenden Einsicht und Willensstärke gelangten Arbeiter zu einer gesteigerten Selbstverantwortlichkeit, zu erweiterten Fähigkeiten und zu erhöhtem Tun zu führen. Aus der Reihe der Paternalisten seien genannt der Freiburger Industrielle Karl Mez und der M.-Gladbacher Industrielle Franz Brandts.

Einen Übergang von der liberalen zur protektoralen betrieblichen Sozialpolitik vollzog der Fabrikant F. Kalle in Biebrich a. Rh., einen Übergang von der paternalistischen zur protektoralen betrieblichen Sozialpolitik der französische Unternehmer Léon Harmel, der als typischer Vertreter der protektoralen betrieblichen Sozialpolitik angesehen werden darf; er wollte bei unsichtbarem Handüberhalten die eigene Initiative der Arbeiter entfaltet sehen und handelte nach dem Leitsatz: „Das Wohl des Arbeiters durch den Arbeiter und mit ihm, soweit wie möglich niemals ohne ihn, und aus schwerwiegendstem Grunde niemals gegen seinen Willen." Dort, wo der patriarchalische oder humanitäre Geist versiegte, führte der Weg von der paternalistischen bzw. protektoralen oder liberal-humanitären zur ökonomisch-rechtlichen betrieblichen Sozialpolitik. Andererseits ist aber auch eine Wandlung von der liberalen und humanitären zur paternalistischen betrieblichen Sozialpolitik nachweisbar. Diese erfolgte in Deutschland beispielsweise auf evangelischer Seite durch den Einfluß der Bonner Konferenz für die Arbeiterfrage von 1870 sowie des Kreises um die dort beschlossene Wochenzeitung „Concordia", auf katholischer Seite durch den Einfluß des 1880 in M.-Gladbach gegründeten Verbandes katholischer Industrieller und Arbeiterfreunde. In Frankreich dürfte ähnlich in humanitärer Richtung gewirkt haben insbesondere die Pariser Weltausstellung von 1867, für die eine besondere Klasse von Preisen geschaffen wurde „zur Auszeichnung derjenigen Personen, Geschäfte oder Orte, welche durch besondere Anordnungen oder Einrichtungen das gute Einvernehmen zwischen allen befestigt, welche bei demselben Geschäfte zusammenwirken, und das materielle, sittliche und geistige Wohl ihrer Arbeiter sichergestellt und gepflegt haben".

Sowohl die humanitäre als auch die ökonomisch-rechtliche betriebliche Sozialpolitik ist gelegentlich zu einer menschenökonomischen betrieblichen Sozialpolitik fortgeschritten. Unter der letzteren sind dabei zu verstehen die um die letzte Jahrhundertwende in deutlichen Ansätzen sich zeigenden Bestrebungen, die menschlichen Eigenarten der Arbeiter im Betrieb stärker zu berücksichtigen, um auch auf diese Weise den ökonomischen Erfolg zu heben[2]. Der Ausgangspunkt wurde 1930 von Northcott, dem Personalleiter von Rowntree & Co. Ltd. in York, mit den Worten formuliert: „Unsere Maschinen erhalten eine sehr große Aufmerksamkeit und Pflege; die besten Methoden zu ihrer Anordnung werden bis in die kleinste Einzelheit ausgearbeitet; Fachleute achten auf jede Unstimmigkeit, da das Quietschen oder Rasseln eines Maschinenteils genügt, um anzuzeigen, daß etwas nicht stimmt... Einen so schwerwiegenden, komplexen und entscheidenden Teil wie die menschliche Natur in der Geschäftsökonomie außer acht zu lassen, ist eine unserer offensichtlichsten Formen der Vergeudung."

Da in solchen Erwägungen nicht an der Tatsache vorbeigegangen werden konnte, daß die Reibungen, Konflikte und feindlichen Haltungen zwischen den Menschen im Betrieb Unkostenfaktoren darstellten, führten die Erwägungen zur menschenökonomischen betrieblichen Sozialpolitik gelegentlich auch zu einer kooperativen betrieblichen Sozialpolitik, die nicht nur das enge Zusammenwirken der Arbeiter und der hierarchisch Geordneten verlangt, sondern darüber hinaus eine gewisse Mitbestimmung der Arbeiter in solchen Dingen gewährt, die sie bisher „nichts angingen"; die kooperative betriebliche Sozialpolitik ist außerdem auch aus der paternalistischen und der protektoralen Einstellung erwachsen.

Für die menschenökonomische betriebliche Sozialpolitik hatte schon Robert Owen zu Beginn des 19. Jahrhunderts einen Hinweis gegeben, mit dem an Fabrikanten gerichteten Wort: „Wenn nun die angebrachte Sorgfalt für den Zustand eurer leblosen Maschinen solche guten Erfolge zu erzielen vermag, was darf dann nicht erwartet werden, wenn ihr entsprechende Aufmerksamkeit euren lebendigen Maschinen widmet,

---

[2]. Vgl. Näheres hierüber bei Geck: „Menschenökonomische soziale Betriebspolitik". In: „Das Neue Reich", 19. Dez. 1931, S. 243 f. und 2. Jänner 1932, S. 264 f.

die noch wunderbarer gebaut sind." Trotz zahlreicher Ansätze menschen=
ökonomischer Art, beispielsweise beim Dinta, ist es zu einer entsprechen=
den sinnvollen betrieblichen Sozialpolitik nur selten gekommen, bislang
vorzüglich in den Vereinigten Staaten von Amerika, wo auch die
kooperative betriebliche Sozialpolitik zu mancherlei Formen geführt
hat. Ein Beispiel für den Übergang von paternalistischer zu koopera=
tiver betrieblicher Sozialpolitik bietet Max Roesler, der sein Unter=
nehmen in eine Aktiengesellschaft umwandelte, um damit dessen Fabrik=
familiencharakter durch eine Eigentumsbeteiligung der Arbeiter zu
sichern und zu festigen. Von den besonderen Formen der kooperativen
betrieblichen Sozialpolitik in den Vereinigten Staaten von Amerika
seien erwähnt die Politik der „industrial democracy", welche den
Arbeitern in mehreren Formen jeweils verschiedenartige Mitbestim=
mungen im Betrieb einräumt (beispielsweise Columbia Conserve Co.)
und die Politik der union-management-cooperation, welche eine Zu=
sammenarbeit zwischen einzelner Betriebsleitung und Arbeitergewerk=
schaft systematisch pflegt (beispielsweise Baltimore & Ohio Railroad).

Wer die Berechtigung oder die Zweckmäßigkeit des weit gespannten
Begriffs der betrieblichen Sozialpolitik leugnet, wird die industrielle
betriebliche Sozialpolitik nicht mit dem ersten Industriebetrieb be=
ginnen lassen, sondern die Einrichtungen für die Wohlfahrt der Arbeit=
nehmer und die Mittel zur Behebung des dem sachlichen Betriebserfolg
nachteiligen Verhaltens der Arbeitnehmer bei der Arbeit (arbeits= bzw.
personalpolitische Mittel) als erste Niederschläge einer betrieblichen
Sozialpolitik erklären. Von einer solchen betrieblichen Sozialpolitik
in einem engeren Sinne gab es sowohl Einzelmaßnahmen als auch
mehr oder weniger umfassende Systeme bereits in der industriellen
Frühzeit.

Wohlfahrtseinrichtungen industrieller Betriebe lassen sich seit Ende
des 18. Jahrhunderts in England und seit der ersten Hälfte des 19. Jahr=
hunderts außerdem in den Vereinigten Staaten von Amerika, Frank=
reich und Deutschland nachweisen. Nachdem beispielsweise schon um 1790
David Dale Einrichtungen für die Wohlfahrt seiner Arbeiter getroffen
hatte, sorgte sein Schwiegersohn Robert Owen kurz nach 1800 in New=
Lanark für eine gesundheitliche Ordnung in der Fabrik, für Arbeiter=
wohnhäuser sowie für Kranken= und Arbeitslosenfürsorge, schuf einen
Laden zur billigen Beschaffung guter Lebensmittel, gab den Arbeitern
seine Parks frei, stellte für sie Unterhaltungsräume zur Verfügung, ver=

anstaltete für die Erwachsenen Tanzabende und Konzerte; wie er für die Kinder Unterrichtskurse einrichtete, so bot er seinen jugendlichen Arbeitern eine gründliche Berufsausbildung; er vermied die Beschäftigung von Kindern unter zehn Jahren und setzte für die Arbeitnehmer allgemein die Arbeitszeit erheblich herab. — Auch arbeits- oder personalpolitische Maßnahmen zur Sicherung des sachlichen Betriebserfolgs waren schon vor 1850 keine Seltenheit. So setzte die Maschinenfabrik von Friedrich Harkort bereits um 1825 eine Prämie fest für denjenigen Schmelzer, welcher Koks sparte, führte Jean Leclaire in Paris 1842 die Gewinnbeteiligung in seinem Malerei- und Anstreichereiunternehmen ein, um seine Arbeitnehmer am wirtschaftlichen Betriebserfolg zu interessieren, gewährten die Inhaber der Goldschmiede Christofle & Cie. in Paris seit 1851 Dienstalterspämien, um den Arbeiterwechsel mit seinen Nachteilen zu mindern, begünstigten die Inhaber der Maschinenfabrik König & Bauer schon vor 1870 den Gruppenakkord in der Überzeugung, daß der Einzelakkord zu rücksichtslosem Egoismus führe und jeden Gemeingeist zerstöre, dazu eine unversiegbare Quelle des Hasses und des Neides unter den Arbeitern selbst, sowie von Zwistigkeiten zwischen Arbeitgebern und Arbeitnehmern darstelle.

Maßnahmen wie die letztgenannten finden sich nicht selten unter den Wohlfahrtseinrichtungen aufgezählt. Das geschieht nur mit einer äußerst geringen Berechtigung, insofern nämlich als sie auch mit im Interesse der Arbeiter liegen. Für die klare Erkenntnis des Typischen im Sein und in der Entwicklung ist jedoch unbedingt erforderlich, aus den sogenannten Wohlfahrtseinrichtungen zu scheiden einmal die eigentlichen Wohlfahrtseinrichtungen, das heißt die in ausschließlich oder vorwaltend fürsorgerischer Absicht geschaffenen Einrichtungen zum Wohle der Arbeiter, sodann die arbeits- oder personalpolitischen Maßnahmen, die — zwar zuweilen in wohltuender Absicht, aber — vorwiegend im Hinblick auf den arbeits- oder personalmäßigen Erfolg getroffen werden. Tatsächlich wird es in Einzelfällen schwierig sein, eine reinliche Scheidung vorzunehmen (was aber auch nicht restlos, sondern eben nur um der Erkenntnis des Wesentlichen willen, notwendig ist). Das hängt damit zusammen, daß die Maßnahmen betrieblicher Sozialpolitik zwar oft als Einzelmaßnahmen erscheinen, aber doch neben- bzw. miteinander deutlich das Hervorgehen aus einer Person, aus einer Einheit verraten und deshalb, genauer gesehen, sich als Teile eines Ganzen offenbaren. Daher kann auch eine Klarstellung der betrieblichen Sozialpolitik in einem engeren Sinne nicht auf die Berücksichtigung der Unternehmerhaltungen und Unternehmermotive verzichten; sie würde etwa ohne die Schlüssel patriarchalisch oder humanitär orientierter Haltung und ohne Beachtung, insbesondere der christlichen und ökonomischen Motive zu keinem Verständnis kommen[3]. So verrät beispielsweise um 1850 die betriebliche Sozialpolitik des belgischen Fabrikanten Hemptinne ein aus patriarchalischer Haltung und christlich-katholischem Streben erwachsendes Unternehmerbemühen, das sich in einer Vereinigung von wohlfahrts- und arbeits- bzw. personalpolitischen Maßnahmen ausdrückt. Hemptinne verlangte für innerhalb und außerhalb der Fabrik eine streng sittliche Führung. Zur Erleichterung derselben verringerte er die Gelegenheiten des Zusammenkommens von Arbeitern und Arbeiterinnen durch Trennung der Geschlechter im Betrieb sowie durch einen Arbeitsschluß für beide zu verschiedenen Zeiten. Er ließ die Arbeiter in der Frühstücks- und Vesperbrotpause in den Fabrikhof gehen, wo sie sich mit Spielen beschäftigen konnten und dadurch weniger der Gefahr „verderblich wirkender Unterhaltungen" ausgesetzt waren. Die Löhnung der Arbeiter erfolgte am Samstag morgen statt abends oder Sonntag morgens, „um den Arbeiter der Verlockung der Schenke in dem Augenblick zu entziehen, wo er gerade müßig und von der Arbeit abgespannt ist". Das Feiern am Montag wurde ebenso verhindert wie zum Sonntag die Maschinenreinigung, und jede nicht unumgänglich notwendige Arbeit wurde vermieden. Die Arbeitszeit betrug nur 72 Stunden wöchentlich, einschließlich der Reinigung, gegenüber sonst 81 Stunden. Kinder unter zwölf Jahren wurden nicht zur Arbeit angenommen. Um die Arbeiter zur Arbeit und zu Ersparnissen im Betrieb anzuspornen, erhielten sie Arbeitsprämien und anteilmäßige Vergütungen bei Ersparnissen an Material. Für die Freizeit stand eine kleine Büchersammlung zur Verfügung sowie ein zu gymnastischen Übungen und Spielen hergerichteter Platz, um die jungen Burschen hierdurch Sonntags von den Schenken und Tanzplätzen fernzuhalten. Für Krankheitsfälle war eine Krankenkasse gestiftet. Eine eigene Sonntagsschule sollte der Unwissenheit der Kinder und Jugendlichen durch regelmäßigen Unterricht entgegenwirken.

---

[3] Dementsprechend wird eine umfassende systematische Darstellung der Entwicklung der betrieblichen Sozialpolitik die Tatbestände der beiden hier als möglich aufgezeigten vorläufigen Begriffe betrieblicher Sozialpolitik miteinander verknüpfen.

I. Die Entwicklung der tatsächlichen betrieblichen Sozialpolitik.

Die betriebliche Sozialpolitik im zweitbehandelten engeren Sinne zeigt im wesentlichen nur eine Entwicklungslinie: von der Wohlfahrtspolitik zur Personalpolitik.

Wenngleich arbeits- und personalpolitische Maßnahmen das ganze 19. Jahrhundert hindurch nachgewiesen werden können, so haben sie doch bis um die letzte Jahrhundertwende nur einen nahezu verschwindenden Raum eingenommen. Bis gegen Ende des 19. Jahrhunderts blieben die eigentlichen Wohlfahrtseinrichtungen in der Industrie der Hauptniederschlag einer betrieblichen Sozialpolitik im angedeuteten engeren Sinne. Staatliche Erhebungen und private Studien[4] zeigen beispielsweise für Deutschland eine höchst beachtliche Entfaltung solcher Einrichtungen, die sich insbesondere erstrecken auf das Wohnungswesen (durch Bau von Werkshäusern oder durch Unterstützung der Arbeiter im Hausbau oder Hauserwerb), auf die Vorsorge für Notfälle des Lebens (durch Sparkassen sowie Versicherungskassen gegen Krankheit, Unfall, Tod und Arbeitslosigkeit), auf wirtschaftliche Beihilfen in tatsächlichen Notlagen (durch Darlehen oder Zuschüsse), auf Sicherung des Lebens und der Gesundheit der Arbeiter im Betrieb (durch Betriebshygiene und Unfallverhütung), auf Wiederherstellung und Festigung der Gesundheit der Arbeiter und ihrer Angehörigen (durch Pflege in Krankenanstalten und Erholungsheimen, durch Ferienkolonien), auf Unterstützung in der Lebenshaltung (durch Kinderfürsorge in Krippen, Bewahranstalten und Horten, durch gelegentliche oder regelmäßige Beschaffung billiger Lebensmittel in Werksläden, durch billige Mahlzeiten in Werkskantinen), auf die Gestaltung der Freizeit (durch Überlassung von Gartenland, Grund und Boden sowie Räumen für Turn-, Sport-, Theater- und Musikgruppen, durch bildende

---

[4] Vgl.: „Die Einrichtungen zum Besten der Arbeiter auf den Bergwerken Preußens". Im Auftrage des Ministeriums für Handel, Gewerbe und öffentliche Arbeiten. Berlin 1875. „Die Einrichtungen für die Wohlfahrt der Arbeiter der größeren gewerblichen Anlagen im preußischen Staate". Im Auftrage desselben. Berlin 1876. „Die unter staatlicher Aufsicht stehenden gewerblichen Hilfskassen für Arbeitnehmer... und die Versicherung gewerblicher Arbeitnehmer gegen Unfälle im preußischen Staate". Im Auftrage desselben. Berlin 1876. „Ergebnisse einer Erhebung über die in bayerischen Fabriken und größeren Gewerbebetrieben zum Besten der Arbeiter getroffenen Einrichtungen". Denkschrift des Kgl. Bayer. Staatsministeriums des Innern. München 1874. — Bezüglich der privaten Studien siehe die Literaturangaben und Hinweise bei Geck: „Die sozialen Arbeitsverhältnisse", S. 132—138.

und unterhaltende Veranstaltungen wie beispielsweise Bibliotheken, Lesesäle, Vorträge, musikalische Abende), auf allgemeine Betreuung durch eine Fabrikpflegerin oder einen Sozialsekretär. Von nicht zu unterschätzender Bedeutung für die Entfaltung und Ausbreitung der Industriewohlfahrtspflege sind einige der großen Industrieausstellungen geworden, von denen die Londoner Ausstellung im Jahre 1851 — die stark anregend wirkte auf den Bau von Arbeiterwohnungen — und die Pariser Ausstellungen der Jahre 1867, 1889 und 1900 hervorgehoben sein mögen[5].

Gegen Ende des 19. Jahrhunderts drängte eine neue Phase der Entwicklung der Industrie zu einer Verschiebung des Schwergewichts der betrieblichen Sozialpolitik von den Wohlfahrtsmaßnahmen auf eine personale Arbeitspolitik und eine die Arbeitsumstände begünstigende Personalpolitik, ohne daß die Wohlfahrtspolitik deshalb in der Folgezeit an Umfang oder Bedeutung abgenommen hätte. Bis gegen 1880 wurden die Betriebsangelegenheiten durchweg erledigt nach den bisherigen Gepflogenheiten und etwaigen besonderen Erfordernissen des Falles. Bei dem Wachsen der Betriebe und dem Vordringen der Großbetriebe aber zeigte sich, daß mit den Hilfsmitteln der schlichten Erfahrung den Betriebsaufgaben nicht mehr entsprochen werden konnte, und daß es einer bewußten Betriebsführung bedurfte. Ingenieure gehörten zu den ersten, welche diese Lage erfaßten. Sie hatten sich allerdings für Jahrzehnte allzusehr auf das Technische beschränkt, dann seit etwa 1870 in steigendem Maße den betriebsorganisatorischen und den betriebswirtschaftlichen Dingen Aufmerksamkeit geschenkt und schließlich gegen 1880 auch die personalen und sozialen Probleme des Betriebes erkannt[6]. F. W. Taylor war nur eine überragende Gestalt aus einer Anzahl von Ingenieuren. Mit Recht kann Person[7] darauf

---

[5] Vgl. die Berichte über diese Ausstellungen, u. a. A. Le Roux: „Das besondere Preisgericht... für die Pflege der Eintracht in Fabriken...". Stuttgart 1868. „Die Beteiligung des Großherzogtums Baden an der Universalausstellung zu Paris im Jahre 1867". Karlsruhe 1867. „Exposition universelle internationale de 1889 à Paris. Rapports du jury international. Groupe de l'économie sociale". Paris 1891.

[6] Vgl. hierzu Geck: „Der Sozialingenieur in Frankreich nach Idee und Wirklichkeit". In: „Reichsarbeitsblatt", 25. März 1934, S. 99ff. Derselbe: „Der Personalchef in der Betriebsführung". In: „Mitteilungsblätter der Bela", Jahrg. 1934, Nr. 1, S. 4ff.

[7] Vgl. H. S. Person: „The management movement". In: „Scientific

I. Die Entwicklung der tatsächlichen betrieblichen Sozialpolitik.

verweisen, daß die Anfänge der Literatur über die Betriebsführungsbewegung (management movement) sich in den achtziger Jahren fast ausschließlich, in den neunziger Jahren vorwiegend in Ingenieur-Veröffentlichungen finden. Da in den Großbetrieben die unmittelbare Überwachung der Arbeiter verloren ging, versuchte man zunächst durch Anreizlöhne die Arbeiter selbst am Arbeitsergebnis zu interessieren und führte Stücklöhne, Lohnprämien usw. ein[8]. Diesen arbeits- bzw. lohnpolitischen Maßnahmen folgten alsdann solche betriebswirtschaftlicher Art, welche die Kosten betrafen. Es kam zu der „efficiency movement", welche mit ihren Bestrebungen zur Hebung des Arbeitserfolges durch Hebung der Wirksamkeit der Arbeitsprozesse nach 1900 von großer betriebspolitischer Bedeutung wurde. Nunmehr wandte man sich sehr stark der Organisation, der Betriebsordnung, zu und kam gegen 1910 zur „wissenschaftlichen Betriebsführung (scientific management)", die von Amerika aus auf Europa übergriff und in der 1911 von F. W. Taylor veröffentlichten Studie „The principles of scientific management" einen Hauptkristallisationspunkt erhielt. Hatte schon Taylor vor der Jahrhundertwende dem menschlichen Element im Produktionsprozeß eine besondere Aufmerksamkeit geschenkt, so kam es zwischen 1910 und 1912 zu einer eigenen Bewegung der „personalen Betriebsführung (personnel management)". Im Jahre 1911 lud das Berufsamt von Boston etwa 50 Personen, die sich der Besorgung von Personalangelegenheiten in Industrie und Handel widmeten, zu einem Gedankenaustausch ein. Da sich das Bedürfnis nach weiterem Meinungs- und Erfahrungsaustausch geltend machte, wurde 1912 in Boston die „Employment Managers' Association" gegründet mit den satzungsmäßigen Zielen: Fragen der Arbeitnehmer, ihrer Schulung und Arbeitswirksamkeit (efficiency) zu besprechen; Erfahrungen zu vergleichen, welche Licht werfen auf Versagen und Erfolg der Personalabteilung; Sachverständige einzuladen, welche durch die Kenntnis der besten Methoden oder von Experimenten Personalangelegenheiten zu fördern vermögen. In einer Reihe von anderen Städten entstanden kurz hernach ähnliche Personalleiter-Vereinigungen, und bald schon konnte ein Reichsverband, die „National Association of Employment Managers" gegründet

---

foundations of business administration", herausgeg. von H. C. Metcalf. Baltimore 1926. S. 202.

[8] Das Erscheinen des bereits 1898 in 3. Auflage und 1906 in deutscher Übersetzung herausgekommenen Buches von D. Schloß: „Methods of industrial renumeration", ist demgemäß durchaus „zeitgemäß".

werden, die jährlich Treffen veranstaltete und ein monatliches Nachrichtenblatt herausgab. Damit war für die Vereinigten Staaten ein Stadium erreicht, in das die großen europäischen Kulturstaaten erst in der Nachkriegszeit eintraten. Der Weltkrieg hat die Entfaltung der Wohlfahrtspolitik und die Entwicklung der Personalpolitik erheblich begünstigt, da es galt, gesunde und zufriedene Arbeiter und den rechten Mann am rechten Platz im Betrieb zu haben, um die Heereslieferungen sicherzustellen. Die besonderen wirtschaftlichen Aufgaben der Nachkriegszeit drängten immer wieder auf die Suche nach Wegen, Waren in großer Menge von hoher Qualität mit geringem Aufwand ohne Störung herzustellen. Bei Erfüllung der Aufgabe erfuhr nicht nur der Taylorismus, ergänzt durch Gilbreth, Gantt u. a., in der sogenannten „wissenschaftlichen Betriebsführung" eine erhebliche Ausbreitung, sondern auch der technische Aufbau und die wirtschaftliche Organisation des Betriebs infolge der Rationalisierung eine umwälzende Ausgestaltung. Hieraus ergaben sich einerseits der Ersatz von Arbeitern durch Maschinen — sowohl wegen der großen billigen Warenmenge als um der Befreiung willen von der Abhängigkeit gegenüber den Arbeitern, welche vor allem durch die Höhe ihrer Löhne oder einen Streik die Berechnungsvoraussetzungen wie die Belieferungsmöglichkeiten stören konnten —, andererseits die Versuche zur besonderen Einpassung der Arbeiter auf Grund psychotechnischer Prüfungen, mit Hilfe einer beruflichen Ausbildung oder Anlernung, unterstützt durch psychotechnische Vorkehrungen im Betrieb und überhaupt durch die Maßnahmen einer mehr oder weniger umfassenden Personalpolitik. Wenn John D. Rockefeller jr. 1914 darauf hinwies, daß die Leitung der Arbeitskraft bislang eine nur untergeordnete Aufgabe des Werkmeisters war, jetzt aber neben den Abteilungen für Finanzen, Fabrikation und Verkauf eine Personalabteilung aufkomme, so kann nunmehr Leiserson bezüglich der Vereinigten Staaten von Amerika mit vollem Recht — bezüglich Europas tendenziell — sagen: „Es wird heute als wesentlich für eine gute Geschäftsführung betrachtet, einen Leiter zu besitzen, der die allgemeine Verantwortung für die Führung der Arbeiterschaft trägt, wie andere Leiter verantwortlich sind für die Finanzen, die Produktion oder den Verkauf"[9].

---

[9] W. M. Leiserson: „Contributions of personnel management to improved labor relations". In: „Wertheim lecture series on industrial relations". Harvard University Press 1929. S. 134.

Schon zwischen 1880 und 1890 erkannten eine ganze Reihe von Industriellen, daß ihre technische und wirtschaftliche Inanspruchnahme ihnen die Besorgung von personalen und sozialen Betriebsangelegenheiten nicht mehr erlaubte. Sie entschlossen sich daher, hiermit besondere Personen zu betrauen. Seit 1889 stellten größere Betriebe in den Vereinigten Staaten von Amerika, England, Frankreich, Holland und Deutschland „Sozialbeamte" ein, zunächst unter den Bezeichnungen Sozialsekretär oder Wohlfahrtspfleger, dann als Fabrikpfleger oder Sozialdirektor, schließlich heute als Personaldirektor, Personalleiter oder Leiter der Personalabteilung, in England als social secretary, welfare worker, welfare superviser, lady superintendant oder welfare superintendant, labour manager oder employment manager, in den Vereinigten Staaten von Amerika außerdem als personnel manager, in Frankreich als ingénieur social, surintendante d'usine oder chef du personnel. Von Anfang an war das Arbeitsgebiet des Sozialbeamten nicht auf die eigentlichen Wohlfahrtseinrichtungen beschränkt; seine Aufgabe wurde vielmehr zumeist gesehen in der allgemeinen Verpersönlichung, Vermenschlichung des Betriebslebens[10]. Bei manchen Unternehmen und während des Weltkriegs allerdings trat die eigentliche Wohlfahrtsarbeit stärker hervor. Im ganzen ist jedoch, vor allem seit Ende des Weltkriegs, auch in Europa die Entwicklung dahin gegangen, daß in einer steigenden Zahl von Großindustrieunternehmungen die Personalangelegenheiten als besonderer Aufgabenkreis erkannt und einem gehobenen Angestellten übertragen wurden, der — in enger Fühlung mit der Geschäftsleitung oder als eines ihrer Mitglieder — oft eine Spezialkraft mit der Behandlung der eigentlichen Wohlfahrtsangelegenheiten beauftragt und selbst als Leiter einer Personalabteilung allen Personalfragen von der Einstellung bis zur Entlassung eine systematische, verwaltungsmäßige und betriebspolitische Beachtung schenkt: der Auswahl der Einzustellenden, der Berufsbildung Jugendlicher wie der Arbeitsbildung und der Fortbildung Erwachsener, den Versetzungen und Beförderungen, den Arbeitervertretungen, den Ferien und dem Urlaub, den Verspätungen und Krank=

---

[10] Mehrere Berichte aus der Zeit um 1900 bestätigen dies. Vgl. etwa: „Employers and Employes". Chicago, o. J. (1902). Darin S. 163—189. E. C. Wheeler: „Opportunities of the industrial social secretary". B. Meakin u. L. Katscher: „Wohlfahrtsbeamte in Großbetrieben". In: „Soziale Kultur". München=Gladbach 1905. S. 694—701.

heiten, der Entlassung und dem Arbeiterwechsel, der Arbeitsordnung wie den Arbeitsbedingungen überhaupt und insbesondere der Unfall-Sicherheit, den Lohnfragen, der Gewinn- und der Kapitalbeteiligung, der staatlichen wie der zusätzlichen betrieblichen Sozialversicherung, den Kantinen und Kasinos, im grundlegenden auch den außerbetrieblichen Wohlfahrtseinrichtungen des Unternehmens wie Siedlung und Wohnhäuser, Werkskonsumanstalten, Sport- und Erholungsgelegenheiten usw. usw.[11].

Die durch die starke Entfaltung der Industrie in den letzten 40 Jahren ganz allgemein bedingte Entwicklung der betrieblichen Sozialpolitik von der Wohlfahrtspolitik zur Personalpolitik ist im einzelnen durch eine Reihe von Umständen begünstigt worden. Für die Vereinigten Staaten von Amerika, welche die Entwicklung am ausgeprägtesten und am weitesten fortgeschritten zeigen, nennt Leiserson[12]: die Notwendigkeit, für die Tarifverhandlungen der Zechenbesitzer mit den Gewerkschaften seit den neunziger Jahren Fachleute — labor commissioners — zu besitzen, welche mit den Personalverhältnissen ihres Betriebs aufs genaueste vertraut waren und die Durchführung der Vereinbarungen besorgten; die Notwendigkeit, die Betriebssicherheit zu erhöhen — vor allem nachdem die Industrie seit 1910 in New York die Unfallschäden selbst zu begleichen hatte —, wozu außer der Beseitigung gefährlicher Maschinen und Anlagen noch besondere Erziehungsmethoden bei Werkmeistern und Arbeitern erforderlich waren; die Notwendigkeit der Industriepädagogik mit der Einrichtung von Werkschulen und Einzelkursen; die Einführung der sogenannten „wissenschaftlichen Betriebsführung" nach Taylor, Gantt, Gilbreth und Emerson; die Verwendung psychotechnischer Methoden, insbesondere auf Anregung von W. D. Scott; die Entdeckung des großen Arbeiterwechsels, als dessen Ursachen insbesondere Methoden hinsichtlich der Einstellung, der Entlassung, der Arbeitszeit, der Löhne, der Schulung

---

[11] Daß die Behandlung dieser Dinge als eine sozialpolitische Angelegenheit betrachtet wurde, drückt beispielsweise aus F. Wunderlich: „Fabrikpflege. Ein Beitrag zur Betriebspolitik". Berlin 1926. L. Schmidt-Kehl: „Die deutsche Fabrikpflegerin". Berlin 1926.

[12] W. M. Leiserson: „Contributions of personnel management to improved labor relations". In: „Wertheim lecture series on industrial relations". Harvard University Press 1929. S. 131—134 (eine der zwar kurzen, aber klarsten amerikanischen Darstellungen der Entwicklung zur „Personalverwaltung").

und der Disziplin festgestellt wurden; schließlich das Bestreben, Vergeudungen in der Industrie auszuschalten.

In England, Frankreich und Deutschland ist die Entwicklung nicht unerheblich hinter derjenigen der Vereinigten Staaten von Amerika zurückgeblieben[13]. Aber sie geht die gleiche Bahn, wenn auch noch allzu oft die praktische Bedeutung der Personalpolitik bzw. der betrieblichen Sozialpolitik seitens mancher Unternehmensleiter verkannt oder gering geschätzt wird. Erhebliche Antriebe empfing die Entwicklung in allen Ländern während des Weltkriegs aus Erwägungen zu der Frage, auf welche Weise nach Kriegsende die industrielle Produktion schnell in Gang und auf eine hohe Stufe der Leistungsfähigkeit gebracht werden könnte. Hierbei gelangten weitschauende Männer aller Länder zur Überzeugung der Notwendigkeit einer nicht nur sachlich-, sondern auch menschlich-rationellen Betriebsführung. Auf französischer Seite erkannte man seit 1917 immer deutlicher, daß wie im Krieg für das Heer, so im Frieden für die Industrie eine „art de commander", eine Kunst der Menschenführung mit neuen Methoden von höchster Wichtigkeit sei[14]. Eine jahrelange Diskussion hat manchen Anstoß geliefert, um das in Frankreich hochentwickelte Industriewohlfahrtswesen nach der Personalführungsseite zu ergänzen. In gleicher Richtung wirkte die Verwaltungslehre des französischen Bergwerksdirektors Henri Fayol, die nicht nur eine Organisationslehre, sondern eine aus jahrzehntelanger Industriepraxis abgeleitete soziale Betriebslehre ist[15]. Im konservativen England sind seit mehr als zwei Jahrzehnten die weltbekannten Firmen Rowntree & Co., Cadbury Bros. und Lever Bros. nicht nur vorbildliche Verwirklicher einer umfassenden betrieblichen Sozialpolitik in höchst entwickeltem Ausbau — welche jahrzehntelange Wohlfahrtsarbeit durch moderne Personalpolitik ergänzt —, sondern

---

[13] Über den Stand des „personnel management" in den Vereinigten Staaten von Amerika vgl. beispielsweise St. B. Mathewson: „A survey of personnel management in 195 concerns". In: „The Personnel Journal", Dez. 1931, S. 231—235.

[14] Vgl. Geck: „Das Betriebskommando in Frankreich. Zur Lehre von der Menschenführung im Industriebetrieb". In: „Kölner Vierteljahrshefte f. Soziol.", Jahrg. XII (1933/34), S. 305—327.

[15] Vgl. Geck: „Unternehmerische Sozialpolitik in Frankreich". In: „Soziale Praxis", 11. Oktober 1934. Derselbe: „Die französische Verwaltungslehre (Die Lehre Fayols und seiner Nachfahren)". In: „Zeitschrift für Betriebswirtschaft", Jahrg. 1934, Heft 1.

durch die außerbetriebliche Tätigkeit ihrer zum Teil landesbekannten Sozialbeamten auch mächtige Förderer der Entwicklung im gesamten Lande. Wie in den Vereinigten Staaten von Amerika seit 1898 die League for Social Service durch Materialsammlungen und Vorschläge eine lebendige Anregerin wurde, so verdankt die Entwicklung in England Erhebliches der 1913 unter starker Mitwirkung von Vertretern der drei erwähnten Firmen gegründeten Vereinigung von Industrie= wohlfahrtsarbeitern und der 1918 gegründeten Industrie=Wohlfahrts= Gesellschaft. Die erstere änderte 1931 ihren Namen in „Institute of Labour Management" und den Titel ihrer bisherigen Zeitschrift „Welfare Work" in „Labour Management", während die zweit= genannte Vereinigung ihrer Zeitschrift „Industrial Welfare" vor wenigen Jahren den Zusatz „and Personnel Management" gab, worin sich schon rein äußerlich zeigt, daß auch in England die Politik der personalen Betriebsführung als bedeutsam gewürdigt wird[16]. In Deutschland sahen sich die Unternehmer und Betriebsleiter nach Kriegs= ende in der Zwangslage, unter wirtschaftlich wie sozial höchst un= günstigen Umständen produzieren zu müssen und schritten von der sachlichen Betriebsrationalisierung zur „Menschenwirtschaft" und „Menschenführung", deren Bestrebungen ihren typischen Ausdruck im Deutschen Institut für technische Arbeitsschulung (Dinta) zu Düssel= dorf unter dem Oberingenieur Arnhold und in der Anstalt für Arbeits= kunde zu Saarbrücken unter Professor Adolf Friedrich fanden. In mehrfacher Hinsicht ungewöhnlich günstige Voraussetzungen für das Nachholen von bisher Versäumtem und für einen umfassenden Aufbau einer Personalpolitik, die hochentwickelte betriebliche Sozialpolitik ist, hat der Herrschaftsantritt des Nationalsozialismus geschaffen.

Es ist nicht möglich, hier mehr zu bieten als die Aufzeigung der Ent= wicklungslinie und deren Beleuchtung durch einige Einzeltatsachen, so= wohl in Anbetracht der Beschränktheit des zur Verfügung stehenden Raumes als der Rückständigkeit der Forschung. Eine genauere Dar= stellung würde insbesondere noch näher einzugehen haben auf die Tat= sachen, daß die Entwicklung in verschiedenen Industrien, sogar des= selben Landes, nach Art und Ausmaß teilweise recht verschieden war — beispielsweise in der Textilindustrie mit starker Frauenarbeit anders als etwa im männlichen Bergbau —, daß einzelne Maßnahmen und

---

[16] Vgl. den voraussichtlich Anfang 1935 im „Reichsarbeitsblatt" erschei= nenden Artikel von Geck: „Betriebliche Sozialpolitik in England".

Einrichtungen Wandlungen durchgemacht haben[17], daß sogenannte Industriewohlfahrtseinrichtungen oft Vorläufer staatlicher Sozialgesetzgebung gewesen sind und für manche Maßnahmen die Tendenz von der freien Initiative des Unternehmens zum staatlichen Zwang besteht.

Diese letztgenannte Tatsache führt schließlich zu dem Hinweis, daß im Laufe der Zeit auch Staaten, Gemeinden, Unternehmer- und Arbeitervereinigungen Forderungen sozialer Art an Betriebe gestellt bzw. eine Politik bezüglich der durch die Betriebe gegebenen sozialen Verhältnisse verfolgt haben. So begünstigt der Amerikanische Gewerkschaftsbund die Zusammenarbeit zwischen einzelner Unternehmensleitung und Gewerkschaft (union-management cooperation) und erstrebt ausschließliche Beschäftigung von Gewerkschaftsmitgliedern in bestimmten Betrieben (closed shop), setzt sich der französische Buchdruckerverband für das System der genossenschaftlichen Arbeit im Betrieb (commandite en travail) ein, suchen die christlichen Gewerkschaften in Belgien durch Kapitalbeteiligung (actionnariat syndical) auf die sozialen Verhältnisse einzelner Unternehmen Einfluß zu erhalten. Indessen, wie es nicht zu einer systematischen gewerkschaftlichen betrieblichen Sozialpolitik gekommen ist, so auch nicht zu einer systematischen unternehmerverbandlichen betrieblichen Sozialpolitik. Von unternehmerverbandlichen Einzelbestrebungen und Maßnahmen sind besonders bekannt für Deutschland die Stützung des Herr-im-Hause-Standpunktes, für die Vereinigten Staaten von Amerika der Kampf um den gewerkschaftlich ungebundenen Betrieb (open shop) und für Frankreich die kollektive Einrichtung von Wohlfahrtsgelegenheiten (beispielsweise zur hauswirtschaftlichen Schulung von Arbeiterinnen und Arbeiterfrauen). Weniger zurückhaltend mit Maßnahmen betrieblicher Sozialpolitik waren in den beiden letzten Jahrzehnten manche Staaten, im Gegensatz zu den Anfangszeiten der Industrie, wo gelegentlich Gemeinden sich zu Eingriffen in die Betriebsfreiheit gezwungen sahen. So befahl — da es auffiel, daß Spinnerinnen oft Knaben, Spinner oft Mädchen als Rattacheure wählten — der Bürgermeister von Amiens 1821 durch Verordnung den Spinnern und Spinnerinnen der Manufakturen, als Hilfskräfte nur solche des gleichen Ge-

---

[17] Vgl. hierzu etwa die Studien von R. Schwenger: „Die betriebliche Sozialpolitik im Ruhrkohlenbergbau". München 1932. Derselbe: „Die betriebliche Sozialpolitik in der westdeutschen Großeisenindustrie". München 1934. Derselbe: „Die deutschen Betriebskrankenkassen". München 1934.

schlechts zu nehmen, um der Verführung und dem Mißbrauch der Abhängigkeit vorzubeugen. Seit dem ersten modernen staatlichen Gesetz betriebssozialpolitischen Charakters, der englischen Moral and Health Act von 1802 — welches die Kinderarbeit auf zwölf Stunden am Tage beschränkte und für jede Fabrik eine genügende Anzahl von Fenstern sowie die zweimal=jährliche weiße Tünchung des Innern vorschrieb —, haben die Staaten um die Mitte des 19. Jahrhunderts durch Einführung der Fabrikinspektion einen tiefen Eingriff in die Betriebsfreiheit vorgenommen. In der Folgezeit jedoch bewahrten sie sich lange eine erstaunliche sozialpolitische Zurückhaltung gegenüber den Betrieben, die nur ganz allmählich aufgegeben wurde, um — in manchen Staaten wie Deutschland mehr, in anderen Staaten wie in den Vereinigten Staaten von Amerika weniger — Platz zu machen für eine Fülle von Gebots=, Verbots= und Kannvorschriften, welche allerdings durchweg Einzel= oder Spezialgebietsregelungen zum Inhalt haben und nicht Ausflüsse einer zielbewußten staatlichen betrieblichen Sozialpolitik darstellen, die ihre Maßnahmen bestimmt im Hinblick auf die Fülle des von der unternehmerischen betrieblichen Sozialpolitik tatsächlich bewirkten.

II. Das Werden der betrieblichen Sozialpolitik als Wissenschaft.

Der tatsächlichen betrieblichen Sozialpolitik folgt in großem Abstand eine wissenschaftliche Begründung und Behandlung.

Solange es üblich war, schlechtweg von „der" „sozialen Frage" oder „der" „Arbeiterfrage" zu sprechen und die Lösung dieser „Fragen" zu suchen, solange in den Erwägungen hierüber es nicht dazu kam, eine klare Scheidung zwischen der wirtschaftlichen und der menschlichen Seite der Problematik zu machen und das soziale Ganze als Ganzes von Besonderungen, von Teilen, Gliedern oder Organen zu sehen, solange die besondere Sozialproblematik des Industriebetriebes nicht entdeckt war, blieb der Blick für die betriebliche Sozialpolitik als klar erkannter Aufgabe versperrt. Die wissenschaftliche betriebliche Sozialpolitik entsteht und wächst mit der Erkenntnis der besonderen Personal= oder Sozialproblematik der Industriebetriebe. Diese Problematik zeigt sich vor allem innerhalb der Betriebe — etwa als Miß= verständnis, Konflikt, Disziplinlosigkeit, Arbeitsunlust, Minderleistung nach Menge und Güte der Arbeit —, aber auch außerhalb der Betriebe — als Folge des Arbeitsverhältnisses bzw. Arbeitsvertrages oder als Reaktion gegen wirklich oder vermeintlich erlittene Unbill oder Ungerechtigkeit — etwa in Verelendung, Streiks, politisch=revolutionären Bestrebungen und Handlungen[1].

In allen Kulturstaaten fanden während des 19. Jahrhunderts einzelne der betriebssozialpolitischen Tatsachen und Probleme — beispielsweise die sogenannten Industriewohlfahrtseinrichtungen und die Gewinnbeteiligung — gelegentliche oder fortgesetzte Behandlung. Ansätze zu einer wissenschaftlichen betrieblichen Sozialpolitik dagegen zeigen sich erst nach 1900. In Deutschland und in den Vereinigten Staaten von Amerika kam es in der Nachkriegszeit zum ersten Aufbau, während es in England und Frankreich bei Ansätzen verblieb.

---

[1] Näheres hierüber bei Geck: „Die soziale Problematik des Industriebetriebes". In: „Der praktische Betriebswirt", April 1934, S. 242—249.

1. Die Entwicklung in Deutschland.

Eine ganze Reihe hervorragender Vertreter der Wirtschaftswissenschaften in Deutschland haben schon vor 50 bis 100 Jahren die betriebseigene Sozialproblematik mehr oder weniger beiläufig behandelt, wenn auch nicht umfassend oder in den Kern vorstoßend, so doch grundsätzlich in einigen Momenten. Erinnert sei nur an die Professoren der Staats- und Volkswirtschaftswissenschaft R. v. Mohl, A. Schäffle und V. Böhmert, sowie an den Professor der Betriebswirtschaftswissenschaft A. Emminghaus[2]. Einen guten Schritt weiter als diese kam gegen 1890 Gustav Schmoller[3], von dem man sagen kann, daß er die Pforte der betrieblichen Sozialpolitik erreichte. Indessen, wie bei seinen Vorgängern, so stand auch bei ihm noch das Arbeitsverhältnis im Kern des Blickfeldes.

Der erste, der die Pforte zur betrieblichen Sozialpolitik aufstieß und den Blick vom Arbeitsverhältnis auf den Betrieb lenkte, war Richard Ehrenberg, der 1904 schrieb: "Man sollte es endlich aufgeben, an dem ‚Arbeitsverhältnis' herumzudoktern, bevor man dieses Verhältnis

---

[2] Vgl. R. Mohl: "Über die Nachteile des fabrikmäßigen Betriebs der Industrie". In: "Archiv der pol. Ök." (herausgeg. von Rau), 2. Bd. (1835). — A. Schäffle, Artikel "Fabrikwesen und Fabrikarbeiter". In: "Deutsches Staatswörterbuch", 3. Bd. (1858). Derselbe: "Das heutige Aktienwesen im Zusammenhang mit der neueren Entwicklung der Volkswirtschaft". In: "Deutsche Vierteljahrsschrift", Jahrg. 1856, Heft 3. — V. Böhmert: "Arbeiterverhältnisse und Fabrikeinrichtungen der Schweiz". 2 Bände, Zürich 1873. Derselbe: "Die Gewinnbeteiligung". Leipzig 1878. — A. Emminghaus: "Allgemeine Gewerkslehre". Berlin 1868. Derselbe: "Gruppenakkorde in Fabriken". In: "Der Arbeiterfreund", 9. Jahrg. (1871). — Vgl. u. a. auch den viel zitierten Aufsatz: "Die Vergangenheit, Gegenwart und Zukunft der politischen Ökonomie". In: "Deutsche Vierteljahrsschrift", Jahrg. 1840, Heft 3, wo ausgeführt wird, daß bei dem fabrikmäßigen Betriebe "eine wesentliche Umgestaltung des Bestehenden, und zwar in mehr als einer Rücksicht", nötig sei. Nicht minder beachtlich ist die Abhandlung von G. H. Perthaler: "Ein Standpunkt zur Vermittlung sozialer Mißstände im Fabrikbetriebe". In: "Zeitschr. f. österr. Rechtsgelehrsamkeit", Jahrg. 1843, Bd. 3.

[3] Vgl. von Schmoller insbes.: "Die geschichtliche Entwicklung der Unternehmung". In: "Jahrb. f. Gesetzgeb. 1890—1893. "Zur Sozial- und Gewerbepolitik der Gegenwart". Leipzig 1890. Darin das Kapitel: "Über Wesen und Verfassung der großen Unternehmungen". "Über die Entwicklung des Großbetriebes und die soziale Klassenbildung". In: "Preuß. Jahrb." 1892.

besser als bisher kennengelernt hat, was nur möglich ist, wenn man es nicht für sich, nicht losgelöst vom Unternehmungsbetrieb, sondern als dessen integrierenden Bestandteil betrachtet... Der Kernpunkt des ‚Arbeitsverhältnisses' besteht gerade darin, daß Unternehmer wie Lohnarbeiter Organe der Unternehmung sind... Wollen wir irgend etwas an dem ‚Arbeitsverhältnis' ändern, so müssen wir zunächst die tatsächliche Stellung der Lohnarbeiter innerhalb der Unternehmungen genau erforschen, die Wechselbeziehungen, welche bestehen zwischen ihren Leistungen und ihrem Lohne, zwischen ihrer Leistung und dem Gedeihen der Unternehmungen." Ehrenberg kommt zu diesen Ausführungen in ausgesprochen sozialpolitischer Einstellung. Er versäumt deshalb nicht, sich sofort gegen die Vermutung zu wenden, als solle die ganze sozialpolitische Arbeit auf unabsehbare Zeit vertagt werden. Denn: „Das Leben der Lohnarbeiter spielt sich teils innerhalb, teils außerhalb der Unternehmung ab, und die Sozialpolitik zerfällt dementsprechend in Maßregeln, welche in den Betrieb der Unternehmungen eingreifen, und in solche, welche dies nicht tun." Wenn auch Ehrenberg dieser wichtigen Unterscheidung nicht weiter nachging und sich nicht um ein System der betrieblichen Sozialpolitik bemühte, so hat er doch in seinen Studien über die Unternehmung als Arbeitsgemeinschaft — die, wie er sagt, „zwar geschwächt, aber nicht vernichtet werden kann, solange die Unternehmung selbst besteht" — und über einzelne Unternehmungen — vor allem die Werke von Siemens und Krupp — manchen Stein zu ihrem Aufbau besorgt[4]. Leider wurde seine grundlegende Anregung auch nicht von einem anderen aufgegriffen bzw. verfolgt und fiel der Vergessenheit anheim.

Josef Winschuh war es dann, der als erster die Schwelle der betrieblichen Sozialpolitik überschritt und in die Fülle ihres Bereiches ein-

---

[4] Siehe insbes. Ehrenberg: „Sozialreformer und Unternehmer". Jena 1904. S. 30—32. — Vgl. ferner eine Reihe von Aufsätzen in dem von Ehrenberg herausgegebenen „Archiv für exakte Wirtschaftsforschung (Thünen=Archiv)", Jena 1905—1922, beispielsweise: Ehrenberg: „Das Arbeitsverhältnis als Arbeitsgemeinschaft". In: Bd. 2 (1907). Derselbe: „Schwäche und Stärkung neuzeitlicher Arbeitsgemeinschaften". In: Bd. 3 (1911). F. Shrup: „Studien über den industriellen Arbeiterwechsel" (mit anschließenden Bemerkungen von R. Ehrenberg). In: Bd. 4 (1912). Ferner Ehrenberg: „Die Unternehmungen der Brüder Siemens". 1. Bd. (bis zum Jahre 1870). Jena 1906. Ehrenberg u. H. Racine: „Kruppsche Arbeiterfamilien". Jena 1912.

II. Das Werden der betrieblichen Sozialpolitik als Wissenschaft.

trat, indem er zunächst durch die „Deutsche Bergwerks-Zeitung" vom 1. Januar 1921 in einem Artikel „Grundzüge einer praktischen Werkspolitik" vorlegte und zwei Jahre später in einem 205 Seiten umfassenden Buche, betitelt „Praktische Werkspolitik", die „Darstellung einer planmäßigen Arbeitspolitik im modernen Fabrikbetrieb" veröffentlichte. Schon die Bezeichnung „Werkspolitik" — die übrigens für einen Handlungsbereich und nicht für eine neue Wissenschaft gedacht war — ist bemerkenswert. Sie zeigt den Ausgangspunkt ihres Urhebers, der, selbst in der Industrie tätig, als eine der Daseinsbedingungen eines modernen industriellen Werks die Notwendigkeit erkannte, „daß neben die kaufmännisch-meßbare Kalkulation der Arbeitskraft auch die feinere und immer wichtige Wertung des lebendigen Arbeitsmenschen zu treten habe". So ist seine Werkspolitik gleich Arbeitspolitik, und zwar in einer Blickrichtung eine Politik, die oft Mensch sagt aber Arbeitskraft meint, in anderer Blickrichtung ein bewußtes Streben, den über das rein Wirtschaftlich-Materielle hinausgehenden Beziehungen zwischen Werksleitung und Belegschaft ein ganz bestimmtes Gepräge zu geben. Es handelt sich bei der Werkspolitik in der Regel darum, „mit Mitteln der Sozialpolitik, der Hygiene, des Siedlungswesens, der Standes- und Geselligkeitspflege, der kostenlosen oder doch wohlfeilen Bereitstellung geistiger und materieller Genüsse eine Atmosphäre innerhalb der Arbeitsstätte zu schaffen, in der sich möglichst reibungsarm arbeiten, leiten und produzieren läßt", in der Überzeugung: „Ungestörte, produktive Arbeit ist die beste Sozialpolitik". So behandelt Winschuh im Anschluß an die Grundlegung der Werkspolitik zunächst Träger und Objekte der Werkspolitik — Werksleitung, Sozialsekretär, Büro für Arbeiterangelegenheiten, Betriebsingenieure, Meister, Vorarbeiter, Arbeiterschaft, Fachkommissionen —, alsdann Einzelfragen der Werkspolitik — Organisation der Werkspolitik, Verhältnis von Arbeitgeberverband und Gewerkschaften zur Werkspolitik, Lohn- und insbesondere Akkordpolitik, Anschläge und Bekanntmachungen, Behandlung von Arbeitsunruhen, Arbeitsordnung, Einstellung von Arbeitern, Werkvereine, Wohlfahrtseinrichtungen, Betriebsrätepolitik —. In einer Reihe von weiteren Aufsätzen hat Winschuh seine Darstellung von 1923 ergänzt[5].

---

[5] Vgl. von Winschuh insbes.: „Praktische Werkspolitik. Darstellung einer planmäßigen Arbeitspolitik im modernen Fabrikbetriebe". Berlin 1923. „Gedanken zum Problem einer neuen Werkspolitik". In: „Probleme der

Fast zwei Jahre nach der erstmalig klaren Herausstellung der betrieblichen Sozialpolitik in der Auffassung der Werkspolitik durch Winschuh begannen die Studien zur Arbeits- und Betriebsorganisation von Willy Hellpach über „Gruppenfabrikation" und von Eugen Rosenstock über „Werkstattaussiedlung" eine weite Beachtung auf sich zu ziehen. Beide — 1922 erschienenen — Schriften bedeuten im Hinblick auf das Werden einer betrieblichen Sozialpolitik als Wissenschaft sowohl einen Fortschritt als einen Rückschritt. Sie bedeuten einen Fortschritt insofern, als nunmehr Vertreter der „zünftigen" Wissenschaft die Sozialproblematik des Industriebetriebes angreifen, einen Rückschritt insofern, als nur diese besondere Sozialproblematik an sich gesehen und die Kausalerklärung in einer Teilsphäre der Gesamtproblematik gefunden wird, weshalb am Ende der Überlegungen die betriebliche Sozialreform in arbeits- bzw. betriebsorganisatorischen Einzelheiten und nicht die betriebliche Sozialpolitik in ihrer eigenen Ganzheit wie in ihrer Verbundenheit mit der Sozialpolitik überhaupt steht. Bekanntlich vertritt Rosenstock eine Betriebsaufspaltung, die sich von der äußeren Dezentralisation, der räumlichen Aussiedlung einzelner Betriebe aus dem Großbetrieb heraus (Werkstattaussiedlung), bis zur Betriebsaufgliederung innerhalb des Großbetriebes durch mehr arbeitsorganisatorische und personalverfassungsmäßige Wandlungen (Werkstattkommandite) erstreckt. Wie Rosenstock ausgeht von der Trennung zwischen Lebensraum und Arbeitsraum des Arbeiters — die nur durch das Scharnier Lohn verfugt wird — und den Arbeiter aus einem Werkzeug zum offensichtlichen Herrn oder selbstbewußten Träger der Produktion gemacht sehen will durch Verselbständigung der Arbeiter in Unterbetrieben oder Arbeitsgruppen, um so vermittels einer geänderten Betriebsorganisation und einer neuen persönlichen Haltung der Arbeiter deren Arbeitsraum wieder in den Lebensraum einzugliedern, so hofft Hellpach, der im wesentlichen den gleichen Ausgangs- und den gleichen Zielpunkt wie Rosenstock hat, eine soziale Gesundung der Fabrik vor allem zu erreichen durch die Gruppenfabrikation. Bei

---

sozialen Betriebspolitik", herausgeg. von G. Briefs. Berlin 1930, S. 144 bis 153. „Die psychologischen Grundlagen der Werksarbeitsgemeinschaft". In: „Die sozialen Probleme des Betriebes", herausgeg. von H. Potthoff. Berlin 1925, S. 254—279. „Betriebspolitik und Arbeitslosigkeit". In: „Der Arbeitgeber", 15. März 1932, S. 117—122. „Betriebsrat oder Gewerkschaft? Beiträge zur Soziologie des Betriebsrätewesens". Essen 1922.

dieser tritt an die Stelle einer Atomistik der Serienfabrikation ein Kosmos der Fertigung in einer solchen räumlichen Ordnung, welche das Werden des Ganzen vom Arbeiter überschauen wie anteilmäßig verfolgen läßt und damit ihm wieder einen geistigen Zusammenhang mit dem Produktionsvorgang ermöglicht. Die innere Berührung der Bestrebungen der Werkspolitik von Winschuh und der Gruppenfabrikation von Hellpach zeigt sich in der Zielformulierung des letzteren, daß die Fabrik mit Hilfe der Gruppenfabrikation die menschenseelischen Kräfte der Arbeiter „sich innerlich assimiliert, als positive und produktive Kräfte in den Dienst ihrer Aufgabe zu stellen weiß und sich nicht darin erschöpft, sie als negative und störenfriedische Elemente lediglich auszubalancieren oder kaltzustellen"[6].

Unabhängig von Winschuh — wenn auch nicht unbekannt mit seiner „Werkspolitik" — wie unabhängig von Hellpach und Rosenstock steht eine Gruppe von Arbeitsrechtlern, die an dritter Stelle als Wegbereiter einer wissenschaftlichen betrieblichen Sozialpolitik zu nennen ist. Diese Gruppe, deren bekanntester Vertreter Heinz Potthoff sein dürfte, knüpft an das deutsche Arbeitsrecht an, das seit 1918 entwickelt wurde und seit Erlaß des Betriebsrätegesetzes eine deutliche Wendung auf den Betrieb bzw. die Betriebsverhältnisse nahm. Sie hat durch eine breite Diskussion von Betriebsproblemen nicht nur in der Rechtswissenschaft, sondern auch in der Sozialpolitik das Augenmerk auf den Betrieb gelenkt, und hat darüber hinaus auch Forderungen sozialpolitischer Art aufgestellt, von denen diejenige der eigenen Rechtspersönlichkeit des Unternehmens bzw. Betriebes die bekannteste ist[7].

Der Gruppe der speziell am Betrieb interessierten Arbeitsrechtler steht Emil Wehrle[8] nahe. Dieser Volkswirtschaftler, Arbeitsrechtler

---

[6] Vgl. R. Lang u. W. Hellpach: „Gruppenfabrikation". Berlin 1922. — E. Rosenstock: „Werkstattaussiedlung. Untersuchungen über den Lebensraum des Industriearbeiters". Berlin 1922. Derselbe: „Lebensarbeit in der Industrie und Aufgaben einer europäischen Arbeitsfront". Berlin 1926.

[7] Vgl. insbes.: „Die sozialen Probleme des Betriebes". Herausgeg. von H. Potthoff. Berlin 1925. E. Wehrle: „Betriebsreform, ein Weg zur Reform des Arbeitsverhältnisses?" Nürnberg 1927, S. 26—32. — Potthoff schrieb übrigens bereits 1925 a. a. O. S. 12: „Man kann ohne Übertreibung sagen, daß der Betrieb im Mittelpunkt der sozialen Auseinandersetzung steht oder, soweit er es noch nicht tut, bald dahin kommen wird."

[8] Vgl. E. Wehrle: „Betriebsreform ein Weg zur Reform des Arbeitsverhältnisses?" Nürnberg 1927.

und Sozialpolitiker prüfte 1926 in einem Vortrage eine Reihe betriebsreformatorischer Vorschläge — insbesondere auch diejenigen der Gruppenfabrikation, der Werkstattaussiedlung, der eigenen Rechtspersönlichkeit des Betriebes — und kam bei dieser Gelegenheit zur grundsätzlichen Forderung einer betrieblichen Sozialpolitik. Er sieht das Gemeinsame der Vorschläge in dem „Versuch, das Problem der abhängigen Arbeit unabhängig zu machen von den mehr oder minder unfruchtbar gewordenen sozial- und wirtschaftspolitischen Erörterungen und dafür die abhängige Arbeit in Verbindung zu bringen mit dem Betriebe als der zur Zeit einzigen Form, in der abhängige Arbeit für Zwecke der Produktion konsumiert wird". Hierzu nun ist notwendig, so fährt Wehrle fort, daß die Forderungen des Sozialpolitikers aus sozialökonomischen Gesichtspunkten heraus in engste Verbindung gebracht werden „mit den eigenen Gesetzen des Betriebes und einer betriebswirtschaftlichen Lehre", und daß weitgehendste Änderungen der Form und Organisation der bisherigen Sozialpolitik erfolgen. Vor allem muß „als Vorstufe der öffentlichen Sozialpolitik die betriebsgebundene Sozialpolitik" erstehen mit all den bisher ungelösten Fragen der Lastentragung und der Selbstverwaltung durch den Betrieb.

Blieb Wehrle wie Ehrenberg wieder beim Grundsätzlichen stehen, so trat nach dem praktischen Sozialpolitiker Winschuh als zünftiger wissenschaftlicher Sozialpolitiker erstmals Heinrich Lechtape über die Schwelle der betrieblichen Sozialpolitik. Im Rahmen von Studien über „Die menschliche Arbeit als Objekt der wissenschaftlichen Sozialpolitik" befaßte er sich 1926 bis 1929 vor allem auch mit den amerikanischen Veröffentlichungen über „the human factor in industry", „industrial relations" und „personnel management", also den Äußerungen der amerikanischen Konzeption der betrieblichen Sozialpolitik; diese fundierte er seinerseits durch Studien zur Soziologie und Sozialpsychologie, zu denen er teilweise durch Geck angeregt wurde, den er andererseits erstmals auf die Probleme der betrieblichen Sozialpolitik stieß. Lechtape kam so zu dem Ergebnis[9], daß, da sich in der arbeitsteiligen Wirtschaft alle menschliche Arbeit im Betrieb vollzieht, der Betrieb für die wissenschaftliche Sozialpolitik einen — bisher allzusehr übersehenen — bedeutsamen Tatbestand abgibt. Für ihn liegt das „Betriebsproblem" — wie er den Fragenkreis „die menschliche Arbeit im

---

[9] Vgl. H. Lechtape: „Die menschliche Arbeit als Objekt der wissenschaftlichen Sozialpolitik". Jena 1929. Insbes. S. 10, 23—40 u. 41—42.

Betrieb" summarisch bezeichnet — einmal darin, daß aus den sozialen Prozessen im Betrieb ein zerstörender Prozeß entsteht, indem die Beziehungen im Betrieb sowohl zwischen den einzelnen sozialen Gruppen als zwischen den einzelnen Menschen „zerfasert und zersetzt" werden, alsdann darin, daß um die Arbeit im Betrieb das Leben des Arbeiters kreist und von ihr auch großenteils seine Stellung in der Familie, in Staat und Gesellschaft abhängt. Die Bedeutung der Ausführungen Lechtapes für die betriebliche Sozialpolitik liegt zunächst in der Eingliederung der Problematik „menschliche Arbeit und Betrieb" als eigengearteter Fragenkreis in dem Gesamtbereich der sozialpolitischen Aufgaben und der wissenschaftlichen Sozialpolitik, ferner in der Aufzeigung einer ganzen Reihe von betriebssoziologischen und betriebssozialpolitischen Einzelfragen, deren Beantwortung Voraussetzung einer angemessenen betrieblichen Sozialpolitik ist.

Indessen, Lechtape unterließ es, das ureigene Gebiet der betrieblichen Sozialpolitik genau zu umschreiben. Dies besorgte 1929 Karl C. Thalheim durch grundsätzliche Darlegungen wie durch deren Erläuterung an den Beispielen betrieblicher Sozialpolitik von Abbe und Ford[10]. Er wies darauf hin, daß es neben der bisher zu ausschließlich gesehenen staatlichen Sozialpolitik noch eine Sozialpolitik gibt, welche vom einzelnen Unternehmen bzw. Unternehmer ausgeht und die staatliche Sozialpolitik ergänzt oder vor ihr herläuft. Diese Sozialpolitik, die seit mehr als einem Jahrhundert durch eine beträchtliche Zahl von Unternehmern freiwillig, außerhalb der Grenzen des Zwanges der staatlichen sozialpolitischen Gesetzgebung, aus herrschaftspolitischen, produktionspolitischen, sozialethischen oder religiös-karitativen Motiven gepflegt wurde, und die sich insbesondere auf Arbeiterausschüsse, freiwillige Verkürzung der Arbeitszeit, Werkswohnungen, Werkswohlfahrtspflege, Gewinnbeteiligung erstreckte, nennt Thalheim „betriebliche oder autonome Sozialpolitik". Die Gesamtheit ihrer Maßnahmen — legte er später (1931/32) dar — besitzen den Charakter echter

---

Derselbe: „Soziale Prozesse im industriellen Betrieb". In: „Kölner Vierteljahrshefte f. Soziol.", Jahrg. 8 (1929/30), S. 293—301. — Betriebssoziologisch bedeutsam ferner Lechtape: „Die Wandlung des Kapitalismus in Deutschland. Grundfragen der Wirtschaftssoziologie". Jena 1934.

[10] Vgl. Thalheim: „Sozialkritik und Sozialreform bei Abbé, Rathenau und Ford". Berlin o. J. (1929), insbes. S. 6, 9—18. Derselbe: „Grundfragen der betrieblichen Sozialpolitik". In: „Archiv f. angew. Soziologie", Bd. 4 (1931/32), S. 121—132.

Sozialpolitik, 1. weil sie ihrem inneren Wesen nach gleichberechtigt neben der staatlichen Sozialpolitik stehen, 2. weil sie Ziele zu verwirklichen imstande sind, welche für die staatliche Sozialpolitik wesensnotwendig unerreichbar bleiben müssen, 3. weil sie auch in ihrer Einwirkung auf das soziale Gefüge wichtig genug sind, um neben die staatliche Sozialpolitik gestellt werden zu können. „Die autonome Sozialpolitik des Betriebes" geht zunächst darauf aus, innerhalb des Betriebes selbst das gestörte soziale Gleichgewicht wieder herzustellen und eine innere Betriebsverbundenheit der Arbeiter zu bewirken. „Wenn man aber bedenkt, wie sehr eng die Entstehung des sozialen Problems im Kapitalismus gerade mit der besonderen sozialen Struktur des Betriebes verknüpft ist, so kann kein Zweifel darüber bestehen, daß die Summe aller Maßnahmen der einzelnen Betriebe eine ganz bedeutende Verstärkung der in der staatlichen Sozialpolitik wirksamen Tendenz zur Wiederherstellung des Gesamtgleichgewichts innerhalb der Belegschaft bedeutet."

Schon mehrere Jahre vor diesen letztbemerkten Ausführungen Thalheims war jedoch ein Schritt erfolgt, der für die Entwicklung der betrieblichen Sozialpolitik zur Wissenschaft wohl als epochemachend bezeichnet werden darf, weil mit ihm der Vorlauf beendet wird und der Aufbau beginnt: die Gründung des Instituts für Betriebssoziologie und soziale Betriebslehre an der Technischen Hochschule zu Berlin. In Verfolg eines Landtagsbeschlusses vom 30. März 1927 betonte der preußische Kultusminister durch einen Erlaß vom 1. Juli 1927, daß das tiefere Wissen um die menschliche Seite des Produktionsprozesses für jeden Ingenieur zu den unerläßlichen Erfordernissen seiner Berufsausbildung gehöre und die Technischen Hochschulen dieser Notwendigkeit mehr noch als bisher Rechnung tragen müßten. Bei den Überlegungen, auf welche Weise dem ministeriellen Erlaß zu entsprechen sei, kam Goetz Briefs zu der Überzeugung, daß es nicht angehe, nur eine Intensivierung des bisher in wirtschafts- und sozialwissenschaftlichen Vorlesungen Gebotenen zu besorgen, sondern daß es notwendig sei, einen methodisch und sachlich neuen Weg zu beschreiten durch Ausgehen vom Industriebetrieb und seinen Problemen, weil der Betrieb den Gesichtspunkt abgibt, unter welchem der Ingenieur mit den sozialen und sozialpolitischen Dingen in Berührung kommt. Nach Vorlage einer Denkschrift und nach eingehenden Besprechungen im Kultusministerium, auch mit Vertretern der Arbeitgeber- und Arbeitnehmerverbände, wurde 1928 das Institut für Betriebssoziologie und soziale Betriebslehre gegründet.

Wie Winschuh 1925 die auffallende Tatsache vermerkte, daß man in Deutschland „rein sachlich, an Quantität der Sozialpolitik, oft zu viel leistet, ohne ähnlich befriedigende Wirkungen zu erzielen, wie man sie in anderen Ländern mit einem Weniger an materieller Leistung erreicht", so frug sich auch Briefs als Sozialpolitiker, wie es komme, daß in Deutschland die soziale Unzufriedenheit und die soziale Unruhe größer sind als in vielen anderen Ländern mit einem bei weitem geringeren Ausmaß staatlicher Sozialpolitik. Fehlte ihm auch die Zeit zu einer umfassenden und tiefgreifenden Untersuchung der sozialen Unruhe nach ihren Ursprüngen — ein Problem, das ihn viel beschäftigte —, so wurde ihm doch eines recht bald sicher: Ohne die Bedeutung der Lohnfrage zu unterschätzen, wird eine Aufgliederung der Ursachen der sozialen Unruhe für die letzten vier Generationen zu der Erkenntnis führen, daß die Art des Arbeiterdaseins im Betrieb und um den Betrieb herum den Betrieb, vor allem den Industriebetrieb, zu einem höchst bedeutsamen Störungszentrum des sozialen Lebens machte, und daß daher das soziale Wollen der Arbeiter vom Betrieb her wichtige Einschläge erhielt. „Im Betriebe und in der unmittelbaren Betriebsumwelt schneiden sich tagtäglich die sozialen Lebenskreise von Arbeitgebern und Arbeitnehmern, von Arbeitsleitung und Arbeitsausführung. Hier begegnen sich Ingenieure und Arbeiter in der zwangsläufigen Verkettung des täglichen Arbeitsvorganges. Hier bilden sich die Reibungen, die Mißverständnisse, das Mißtrauen, hier stoßen die Interessen aufeinander, die wirklichen und die vermeintlichen; alle diese Dinge stören den Betrieb letzthin nicht bloß im technischen Arbeitsverlauf, sondern belasten ihn auch wirtschaftlich." Es ergab sich „eine Disparität von Strebungen und Einstellungen zwischen Betriebsführung und Belegschaft; sie wurde durch den ökonomischen Zwang zur Arbeit und im Betriebe durch das Arbeitskommando scheinbar überbrückt, aber sie schlug nach innen um, verhärtete zu Arbeitsunlust, Verbitterung, Widerstreben gegen Arbeitsleitung und oft sogar die Arbeitsleistung, zum Gefühl der drückenden Abhängigkeit und Unterworfenheit, und formte sich von hier aus in eine betriebs- und arbeitgeberfeindliche Strömung in der Arbeiterbewegung um, die ihrerseits nun auf den Arbeitsvorgang in den Betrieben zurückschlug. So verhärtete das Mißtrauen und Mißverstehen sich ins Grundsätzliche".

Die im Betrieb entstandene und nicht zur Abreaktion gelangende seelische Spannung der Arbeitnehmer schlug nach außen und wurde zu „einer der stärksten Auftriebe der sozialen Unruhe, die sich gegen das Gesamtsystem von Wirtschaft und Gesellschaft richtet". Diese Protesthaltung ließ sich durch die dem Betrieb vom Staate her auferlegte Sozialpolitik nicht beseitigen. Für eine erfolgreiche Sozialpolitik ist es daher notwendig — so schloß Briefs —, mehr als bisher zu berücksichtigen, daß das Leben der Arbeiter nicht allein von den Arbeitsmarktverhältnissen bestimmt wird, die Arbeitsgelegenheit oder Arbeitslosigkeit bedingen und für die Bildung des Lohnpreises entscheidend sind, sondern auch vom Betrieb aus als einem zweiten Drehpunkt des Arbeiterschicksals, der sowohl einen Schnittpunkt sozialer Beziehungen als auch ein Wirkungszentrum im allgemeinen sozialen Leben abgibt[11].

Ging Briefs in seinen Überlegungen auch von der Sozialpolitik aus, so kam er doch nicht über den Betrieb zu ihr zurück, sondern endete forschungsmäßig beim Betrieb und wissenschaftlich in der Betriebssoziologie und in der Betriebssozialpsychologie. Er beschritt also den umgekehrten Weg wie die Entdecker der sozialen Betriebsproblematik, etwa Hellpach und Rosenstock — durch die er vor Jahren wohl mitentscheidend angeregt wurde —, die vom Problem zur Sozialreform gelangten. So ist es verständlich, daß man im Kreise der engeren Mitarbeiter des Instituts — Briefs, Geck, Jost, Schwenger — regelmäßig von sozialer Betriebspolitik sprach und eine Vortragsreihe vom 10. bis 14. Februar 1930 unter der Bezeichnung „Die soziale Betriebspolitik industrieller Unternehmungen" veranstaltete. Gelegentlich war auch von betrieblicher Sozialpolitik die Rede, ohne aber, daß diese als etwas von der sozialen Betriebspolitik Verschiedenes angesehen wurde. Hier

---

[11] Vgl.: „Denkschrift, betr. die Errichtung eines Instituts für Betriebssoziologie und soziale Betriebslehre an der Technischen Hochschule zu Berlin" (als Manuskript gedruckt 1927). Briefs, Vorwort zu: „Probleme der sozialen Werkspolitik", 1. Teil. P. C. Bäumer: „Das Deutsche Institut für technische Arbeitsschulung (Dinta)". München und Leipzig 1930 (Schriften des Vereins für Sozialpolitik, 181. Bd.), S. V—VIII. Derselbe: „Die Problemstellung der sozialen Betriebspolitik". In: „Probleme der sozialen Betriebspolitik". Vorträge, herausgeg. von G. Briefs. Berlin 1930, S. 1 bis 10. Derselbe: Artikel „Betriebssoziologie" im „Handwörterbuch der Soziologie", herausgeg. von A. Vierkandt. Stuttgart 1931. Derselbe: „Betriebsführung und Betriebsleben in der Industrie. Zur Soziologie und Sozialpsychologie des modernen Großbetriebes in der Industrie". Stuttgart 1934.

setzte Geck ein, von dem bereits gesagt wurde, daß er erstmals durch Lechtape auf die betriebssoziologischen und betriebssozialpolitischen Probleme gestoßen wurde. Von Briefs in das Institut für Betriebssoziologie berufen, bemühte er sich zunächst um den Aufbau der Betriebssoziologie, da er nach seinen bisherigen wissenschaftlichen Arbeiten als Soziologe und Sozialpsychologe an die Sozialproblematik des Betriebes herantrat und als solcher wieder zur Sozialpolitik strebte, also umgekehrt wie Briefs. Soziologische Erwägungen legten ihm als Sozialpolitiker nahe, dem Betrieb als Sozialgebilde für das Wirtschaftsleben und das Sozialleben überhaupt eine ähnliche Bedeutung und Untersuchungswichtigkeit beizumessen wie der Familie für das gesamte Zusammenleben der Menschen; und die Auffassung der Sozialpolitik als Gestaltenwollen und der wissenschaftlichen Sozialpolitik als Wissenschaft vom sozialen Seinsollen bewog ihn, für die wissenschaftliche betriebliche Sozialpolitik die wissenschaftlichen Grundlagen zu besorgen durch Herausstellung und Analyse des sozialen Seins des Betriebes unter besonderer Berücksichtigung der beabsichtigten oder erfolgten Einwirkungen seitens der Unternehmer bzw. Unternehmensleiter. Nachdem die betriebssoziologischen Studien ein gut Stück Wegs vorwärtsgetrieben waren[12], schenkte er der betrieblichen Sozialpolitik eine besondere Aufmerksamkeit. Das wahllose Nebeneinandergebrauchen der Bezeichnungen „soziale Betriebspolitik" und „betriebliche Sozialpolitik" bewies ihm, daß die betriebliche Sozialpolitik immer noch der wissenschaftlichen Grundlegung bedurfte, durch welche ihr wissenschaftlicher Ort sowie der Inhalt und der Umfang ihres Gebietes klar wurden. Geck erklärte[13]: Im Laufe des 19. und 20. Jahrhunderts ist

---

[12] Vgl. von Geck insbes.: „Die sozialen Arbeitsverhältnisse im Wandel der Zeit. Eine geschichtliche Einführung in die Betriebssoziologie". Berlin 1931. „Wirtschaftsbetriebliche Verfassung (Verfassung des Industriebetriebs)". In: „Internat. Handwörterb. des Gewerkschaftswesens". Berlin 1932, S. 2032—2038.

[13] Vgl. — abgesehen von den anderwärts in dieser Abhandlung zitierten Artikeln — insbes.: „Staatliche Sozialpolitik — Gesellschaftspolitik — Betriebliche Sozialpolitik". In: „Soziale Praxis", 40. Jahrg. (8. u. 15. Jan. 1931). „Autonom-betriebliche Sozialpolitik". In: „Die soziale Frage und der Katholizismus". Herausgeg. von der Görres-Gesellschaft. Paderborn 1931, S. 312—333. „Menschenökonomische soziale Betriebspolitik". In: „Das Neue Reich" (Wien), 19. Dez. 1931 u. 2. Jan. 1932. „Die sozialen Arbeitsverhältnisse im Wandel der Zeit". Berlin 1931.

die deutsche Sozialpolitik immer mehr vorbeugende oder abhelfende Notstandspolitik zugunsten einzelner Volksschichten geworden und hat ihren ursprünglichen Charakter als Gesellschaftspolitik verloren. Mit der Vernachlässigung der ganzheitlichen Schau, die den sozialen Körper als Ganzes im Auge behält, paarte sich der Verlust des organischen Blicks für einzelne soziale Gebilde, die im gesellschaftlichen Organismus eine relative Eigenständigkeit besitzen und daher auch in irgendeinem Ausmaß eine eigenständige Sozialpolitik besorgen müssen. Um das gute Funktionieren des sozialen Ganzen zu sichern, müssen jeglichem seiner organischen sozialen Gebilde die ihm angemessenen Funktionen belassen werden. Das aber verlangt einmal die Rückkehr der staatlichen Sozialpolitik zu ihrem Charakter als Gesellschaftspolitik, sodann — da der Staat nicht der alleinige Träger von Sozialpolitik bleiben kann — eine Dezentralisierung der staatlichen Sozialpolitik und eine Autonomisierung von Sozialpolitik. Unter der letzteren ist zu verstehen das Aufgreifen sozialpolitischer Bestrebungen durch die sozialen Gebilde bzw. deren Lenker. Über das Ausmaß der staatlichen sozialpolitischen Tätigkeit wird so lange Streit herrschen, wie über die Auffassung vom Staat selbst und seinen daraus sich ergebenden Aufgabenkreis. Mit Bestimmtheit läßt sich jedoch sagen, daß, wie jeder Mensch stärkere sittliche Pflichten gerade gegenüber seinen Nächsten hat und so wie es sich für ihn aus rein praktischen Gründen empfiehlt, sein Verhalten mit Rücksicht auf die mit ihm in Verbindung stehenden Menschen zu gestalten, so auch insbesondere den Werksleitungen industrieller Unternehmungen — oder, wie man nicht ganz richtig sagt, den Betriebsleitungen — menschliche Aufgaben gestellt sind mit Bezug auf die bei ihnen Tätigen, Aufgaben betrieblicher Sozialpolitik. Die Erfüllung dieser Aufgaben verlangt einmal Maßnahmen, welche die Wirksamkeit des Betriebes als Sozialgebilde, als Vereinigung von Menschen, durch Ordnung des Zusammenlebens bzw. Zusammenarbeitens naturnotwendig erheischt oder empfiehlt, sodann Maßnahmen, welche ein gewisses Wohlergehen der zum Betrieb Gehörenden erstreben. In diesem Sinne ist die betriebseigene oder autonombetriebliche Sozialpolitik einerseits soziale Ordnungspolitik, andererseits soziale Wohlfahrtspolitik. Steht sie durch die letztere der Sozialpolitik im weiteren Sinne nahe oder erscheint als ein ursprünglicher Teil von ihr, so steht sie durch die erstere der Betriebspolitik, das heißt den auf den Betriebserfolg gerichteten Bestrebungen, nahe oder ist ein

II. Das Werden der betrieblichen Sozialpolitik als Wissenschaft.

Teil von ihr, insofern sie Verfolgung der Betriebszwecke mit Hilfe sozialer Mittel und daher im ursprünglichen Sinne soziale Betriebspolitik darstellt. Genau gesehen ist der wissenschaftliche Ort der autonom-betrieblichen Sozialpolitik jedoch insgesamt sowohl die Betriebspolitik als die Sozialpolitik, mit denen sie auszubalancieren ist. Notfalls hat dies zu geschehen durch die staatliche betriebliche Sozialpolitik, die an sich betriebsfremde oder heteronom-betriebliche Sozialpolitik ist, wie etwa auch die betriebliche Sozialpolitik von Arbeitgeber- und Arbeitnehmervereinigungen. Allerdings darf sich die staatlich-betriebliche Sozialpolitik nicht auf Notstände beschränken, sondern muß im Rahmen der gesamten staatlichen Sozialpolitik einen der Erhaltung und Förderung des gesellschaftlichen Ganzen entsprechenden Charakter haben. Vor allem ist es Aufgabe der staatlichen betrieblichen Sozialpolitik, darüber zu wachen, daß autonom-betriebliche Sozialpolitik nicht zur betriebsegoistischen sozialen Betriebspolitik wird. Diese Möglichkeit verlangt die grundsätzliche Unterscheidung von betrieblicher Sozialpolitik — bei der die Intention rein auf das Soziale quasi als Zweck an sich gerichtet ist — und sozialer Betriebspolitik — die rein auf den Betriebszweck abzielt und daher Fortsetzung der wirtschaftlichen und technischen Betriebspolitik durch soziale Mittel ist — stets im Auge zu behalten: Die soziale Betriebsordnung muß ein organisches Glied der gesamten Sozialordnung sein.

Die Unterscheidung von betrieblicher Sozialpolitik und sozialer Betriebspolitik ist seit Anfang 1933 als grundsätzlich bedeutungsvoll durch die engeren Mitarbeiter des Instituts für Betriebssoziologie anerkannt und übernommen worden. Von diesen Mitarbeitern befaßte sich Walter Jost vorzüglich mit den Problemen der Betriebssoziologie und den praktisch orientierten Fragen der „sozialen Betriebsführung"[14], während Rudolf Schwenger — der sich an Briefs anlehnt und mit Win-

---

[14] Vgl. Jost: „Zur Soziologie des Betriebes". In: „Die Arbeit", Jahrg. 1929, Heft 6 (Ausgangspunkt für die Diskussion mit Th. Geiger, von diesem in derselben Zeitschrift, von Jost in „Ruhr und Rhein" fortgesetzt). „Das Sozialleben des industriellen Betriebes. Eine Analyse des sozialen Prozesses im Betrieb." Berlin 1932. „Soziale Betriebsführung". In: „Ruhr- und Rhein-Wirtschaftszeitung", Jahrg. 1930, Heft 2. „Grundlagen der betrieblichen Sozialpolitik". In: „Ruhr- und Rhein-Wirtschafts-Zeitung", Jahrg. 1930, Heft 43. „Werkstonpflege". In: „Der Arbeitgeber", Jahrg. 1927, Heft 7. „Der Werkston und seine Probleme". In: „Deutsche Arbeit", Jahrg. 1930, Heft 4.

schuh zusammengeht — anfänglich Sozialanalysen einzelner Betriebe wie Arbeitssysteme besorgte und alsdann Einzelstudien betrieblicher Sozialpolitik in Angriff nahm. Sein besonderes Verdienst ist die monographische Untersuchung der betrieblichen Sozialpolitik des Ruhrkohlenbergbaues und der rheinisch-westfälischen Schwerindustrie, sowie der Betriebskrankenkassen in Deutschland[15]. Im Grundsätzlichen trifft er sich mit Geck, wenn er unter anderem erklärt: „Die soziale Betriebspolitik ist ein Korrelat des Betriebes als soziale Ordnung. Die intakte Sozialordnung ist nicht nur eine notwendige Voraussetzung eines geordneten Produktionsprozesses, sie schließt vielmehr auch eine immanente Existenzberechtigung in sich ein, auf die jede echte Ordnung Anspruch hat."

Weiterhin ist als eine Studie zur betrieblichen Sozialpolitik zu vermerken eine Schrift von Ernst Michel[16], welche insbesondere an die Studien von Rosenstock, Briefs und Geck anknüpft — wie er selbst sagt — und die kulturpolitische Seite des Problems in den Vordergrund der Erörterung stellt.

Durch die Veranstaltungen und Veröffentlichungen des Instituts für Betriebssoziologie ist es in wissenschaftlichen, sozialpolitischen und wirtschaftlichen Kreisen Deutschlands geläufig geworden, von betrieblicher Sozialpolitik und sozialer Betriebspolitik zu sprechen. Sowohl Vertreter der Wissenschaft — wie Geiger und Albrecht[17] — als der

---

[15] Vgl. Schwenger: „Das System Bat'a". In: „Soziale Praxis", 29. Nov. 1928. „Das Bedaux-System. Analyse und Kritik". In: „Soziale Praxis", 16. Mai 1929. „Die soziale Frage im industriellen Betrieb". In: „Die soziale Frage und der Katholizismus", herausgeg. von der Görres-Gesellschaft. Paderborn 1931, S. 291—311. „Soziale Betriebspolitik". In: „Das Neue Reich", 11. Juli 1931. „Gewerkschaften und soziale Betriebspolitik". In: „Die Arbeit", Jahrg. 1930, Heft 11 (Diskussion zu einem Artikel von Fricke). „Die betriebliche Sozialpolitik im Ruhrkohlenbergbau". München und Leipzig 1932 (Schriften des Vereins für Sozialpolitik, Bd. 186, Heft 1). „Die betriebliche Sozialpolitik in der rheinisch-westfälischen Großeisenindustrie". Ebenda 1934 (Bd. 186, Heft 2). „Die deutschen Betriebskrankenkassen". München 1934.

[16] Vgl. Michel: „Industrielle Arbeitsordnung. Die soziale Frage des Betriebes als volkspolitische Aufgabe". Jena (1932).

[17] Vgl. Th. Geiger: „Zur Soziologie der Industriearbeit und des Betriebes". In: „Die Arbeit", Jahrg. 1929, Heft 11 u. 12. Derselbe: „Sozialpolitik im Betriebe". In: „Die Arbeit", Jahrg. 1930, Heft 12. — G. Albrecht, Artikel „Soziale Betriebspolitik" im „Wörterb. d. Volksw.,

II. Das Werden der betrieblichen Sozialpolitik als Wissenschaft.

Arbeitgeber und der Gewerkschaften[18], als auch sonst an sozialpolitischen und öffentlichen Dingen Interessierte[19] haben sich mit ihren grund=

4. Aufl., 3. Bd. (Jena 1932). Derselbe: „Vom Klassenkampf zum sozialen Frieden". Jena 1932. Insofern Albrecht die Werksgemeinschaftsidee zum Ausgangspunkt für eine neue soziale Ordnung nimmt, kommt ihm — wie Karl Vorwerk und dem Kreis um die Zeitschrift „Werk und Beruf" — ein eigener Platz in der Reihe jener zu, welche als Wissenschaftler die soziale Problematik des Betriebes in eigner Art behandelten. Einen Einfluß als Wegbereiter der wissenschaftlichen betrieblichen Sozialpolitik haben die Vertreter der an sich alten Werksgemeinschaftsidee jedoch nicht gehabt. Ihr besonderes Verdienst liegt in der Verbindung der Werksgemeinschaftsidee mit der Idee der berufsständischen Ordnung.

[18] Vgl. auf Arbeitgeberseite beispielsweise R. Holthöfer: „Sozialismus und Betriebsverfassung. Neue Gesichtspunkte der Unternehmerpolitik". In: „Ruhr und Rhein", Jahrg. 1929, Heft 40. Derselbe: „Ethische Gesichtspunkte zur Betriebspolitik". In: „Kirche und Wirklichkeit", herausgeg. von J. W. Schmidt=Japing. Düsseldorf (1930). P. Karrenbrock: „Soziale Betriebspolitik". In: „Der Arbeitgeber", Jahrg. 1930, Heft 23. H. Landmann: „Bestgestaltung der Fabrikarbeit". In: „Der Arbeitgeber", Jahrg. 1931, Heft 7. H. Studders: „Sozialpolitik in Betrieben". In: „Der wirtschaftliche Wert der Sozialpolitik" (Schriften der Ges. f. soziale Reform, Heft 84/85). Jena 1931. — Vgl. auf Arbeitnehmerseite beispielsweise F. Fricke: „Gewerkschaften und soziale Betriebspolitik. Positive oder negative Haltung". In: „Die Arbeit", Jahrg. 1930, Heft 9. Derselbe: „Die soziale Betriebspolitik — eine Problem der betrieblichen Praxis!" In: „Vierteljahrshefte der Berliner Gewerkschaftsschule", Jahrg. 1932, Heft 1/2 (Diskussion mit Schwenger). (Fricke war schon durch Winschuh auf die soziale „Werkspolitik" aufmerksam geworden; vgl. seinen Artikel „Werkspolitik" in: „Deutsche Werkmeister=Zeitung", 11. Mai 1923.) A. Rosam: „Soziale Betriebspolitik — ein Kampfmittel gegen die Gewerkschaften". In: „Deutsche Techniker=Zeitung", 8. August 1930. A. Dünnebacke: „Soziale Betriebspolitik als gewerkschaftliche Aufgabe". In: „Betriebsräte=Ztschr. des Deutschen Metallarbeiter=Verbandes", Jahrg. 1933, Heft 2. Derselbe: „Das Werk. Erfahrungen und Überlegungen aus zehnjähriger Betriebsarbeit". Berlin (Deutscher Metallarbeiter=Verband) o. J. (1932).

[19] K. Vorwerck: „Soziale Betriebspolitik und werksgemeinschaftlich=berufsständische Idee". In: „Der Arbeitgeber", Jahrg. 1931, Heft 16. H. Mertens: „Feudalherrschaft im Betrieb? Ein Ziel der faschistischen Reaktion". In: „Betriebsräte=Ztschr. des D. M.=V.", Jahrg. 1932, Heft 4 (gegen Geck und Schwenger; vgl. Replik von Schwenger und Duplik ebenda Heft 7). M. Menge: „Der Betrieb als ‚überhistorische Kategorie'". In: „Deutsche Republik", 13. Febr. 1932 (anscheinend wie Mertens vom Arbeitnehmerstandpunkt aus, jedenfalls auch gegen Geck und Schwenger). K. Schechner: „Soziale Betriebspolitik des Unternehmers". In: „Europäische Revue", Jahrg. 1931, Heft 2.

sätzlichen wie inhaltlichen Fragen befaßt und auf diese Weise manchen Stein zum Aufbau einer wissenschaftlichen betrieblichen Sozialpolitik beigetragen.

So ist es nicht verwunderlich, wenn heute die betriebliche Sozialpolitik in Deutschland an Hochschulen vertreten wird. Außer der Technischen Hochschule zu Berlin, an der die soziale Schulung der Ingenieure regelmäßig durch Vorlesungen und Übungen zur Betriebssoziologie und betrieblichen Sozialpolitik erfolgt, boten bis jüngst die Handelshochschule zu Leipzig und die Universität zu Frankfurt a. M. entsprechende Kollegs; im Wintersemester 1932/33 las an der ersteren Thalheim über „Betriebssoziologie und betriebliche Sozialpolitik", an der letzteren H. Marr über „Soziale Betriebspolitik".

Als Zeichen für das Werden der betrieblichen Sozialpolitik als einer wissenschaftlichen Disziplin in Deutschland sind auch eine Reihe von Doktorarbeiten anzusprechen[20].

2. Die Entwicklung im Auslande.

Eine Rechenschaft über das Werden der betrieblichen Sozialpolitik als Wissenschaft im Auslande — die hier nur zusammenfassend möglich ist[21] — setzt die Berücksichtigung zweier Umstände voraus: einmal, daß es im Auslande eine Sozialpolitik in dem bisherigen deutschen Sinne weder tatsächlich noch als sozialreformatorische oder wissenschaftliche Forderung gibt und daher in einem Sinne von Sozialpolitik als Wissenschaft im Auslande nicht gesprochen werden kann; sodann, daß im Auslande die Behandlung sozialer Fragen nicht im deutschen Wissenschaftsgeist erfolgt, insofern nämlich, als weniger Wert auf eine

---

[20] Hervorgehoben seien P. L. Jäger: „Die Bindung des Arbeiters an den Betrieb". Diss. Hamburg 1929. H. Wirtz: „Die Werksfremdheit der Arbeiter und ihre Überwindung". Diss. Gießen 1929. — Im Institut für Betriebssoziologie stehen vor dem Abschluß Dissertationen über die Menschenbehandlung in der deutschen Industrie, die Wandlungen in der Betriebsstellung des Werkmeisters, die soziale Bestgestaltung im Baugewerbe, die Formen der betrieblichen Personalverfassung in den Vereinigten Staaten von Amerika, die französische Verwaltungslehre als soziale Betriebslehre; in Bearbeitung sind Themen über das soziale Führerproblem im Industriebetrieb, die Typen der Betriebskonflikte und Probleme der Berufsschulung.

[21] Vgl. die eingehendere Darstellung bei Geck: „Die ausländische Diskussion um die betriebliche Sozialpolitik". In: „Schmollers Jahrb.", Jahrg. 59 (1935).

tunlichst allerseits wissenschaftlich gesicherte Grundlegung verwandt wird, denn auf eine mit wissenschaftlichen Argumenten gestützte vernünftige Erörterung. Immerhin sind die Kernfragen der sozialen Problematik des Industriebetriebes im Auslande wesentlich die gleichen wie in Deutschland, wenn sie auch unter einer anderen Bezeichnung erörtert werden.

a) Die Erörterung in den **Vereinigten Staaten von Amerika** beginnt kurz nach 1900 mit der Erkenntnis: Es gibt keine Arbeiterfrage schlechtweg, sondern eine Vielheit von Arbeiterfragen; die Wohlfahrt der Arbeiter sollte zunächst durch die Bemühungen der einzelnen Firmen bewirkt werden. Sie folgt bis nach dem Ende des Weltkrieges mehr Sozialreformern und Betriebspraktikern als Wissenschaftlern, die erst im letzten Jahrzehnt als Hochschullehrer geradezu durch ihre Aufgabe gezwungen werden, etwas wie ein System der betrieblichen Sozialpolitik aufzubauen.

Als erster Vertreter der entschieden in die Zukunft weisenden Erörterungen kann W. H. Tolman, Mitbegründer und Geschäftsführer der 1898 ins Leben gerufenen „League for Social Service", angesehen werden. Er wurde auf der Weltausstellung 1900 in Paris mit den Gedanken Emile Cheyssons bekannt und brachte das Wort wie den Begriff des Sozialingenieurs nach Amerika. Nachdem er die Bemühungen um die Besserung der Beziehungen zwischen „Kapital und Arbeit" anfänglich mit dem Ausdruck „industrial betterment" belegte, diesen Ausdruck aber ebenso wie die Bezeichnung „welfare work" für unzulänglich hielt und die ideale Verbundenheit von Arbeitern und Unternehmer am besten durch das Wort „mutuality" wiedergegeben fand, verschaffte er dem Wort und dem Gedanken des „social engineering" Einbürgerung. Ihm zufolge bedürfen im Betrieb nicht nur die Arbeitsstoffe und die Arbeitsmittel einer ingenieurmäßigen Behandlung, sondern auch die Menschen, und zwar unter Beachtung ihrer kreatürlichen Eigenart, die das gewöhnliche ingenieurmäßige Behandeln zu einem „social engineering" werden läßt. Tolman veröffentlichte 1909 ein Buch über social engineering[22], das sich insbesondere befaßt mit dem Sozialsekretär und seinen Obliegenheiten, mit der Hygiene und Sicherheit im Betrieb, der Versicherung gegen Krankheit wie Un-

---

[22] Vgl. Tolman: „Social engineering. A record of things done by American industrialists etc.", New York und London 1909.

fall und Tod, Konsumgenossenschafts- und Spareinrichtungen, Gewinnbeteiligung, Hausbau, Bildung und Erholung. Schon in diesem Werk, das ausgeht von der Erwägung, „die Fabrik oder der Betrieb ist das industrielle Heim des Arbeitnehmers, wo er wenigstens ein Drittel jedes Arbeitstages verbringt", zeigen sich einige Grundgedanken, die sozusagen in der gesamten betriebssozialen Literatur der folgenden Jahrzehnte wiederkehren, wie: „Die menschliche Maschine benötigt Aufmerksamkeit, Ruhe und beste Umgebung für die Erzielung der besten Produktionsergebnisse." „Im modernen Geschäft ist wenig Raum für Sentiment"; „aber die Arbeitgeber beginnen festzustellen, daß eine Anlage in Menschlichkeit sich bezahlt macht".

Nach 1910 tritt der Ausdruck social engineering zurück, und an seiner Stelle wird häufiger der Ausdruck „human engineering" gebraucht. Ein im Jahre 1916 vom Engineering College der Ohio State University veranstalteter „Congress of Human Engineering" zeigt in seinen Erörterungen deutlich, worum es den Vertretern des human engineering geht. Sie betonten, daß die Ingenieurausbildung bisher fast ausschließlich den materiellen Dingen und allzu wenig dem menschlichen Element im Umkreis der Ingenieurtätigkeit Beachtung geschenkt hätte, obwohl die psychologische und die psychophysische Kenntnis des Faktors Mensch in der Industrie (human factor in industry) und die Vertrautheit mit der Wissenschaft von den menschlichen Beziehungen (science of human relationships) für den Ingenieur zur zweifelsfrei wesentlichen Berufsausrüstung gehört; daher wurde von vielen Studenten nicht erkannt, daß das Humane (humanics) in der Industrie von größerer Bedeutung ist als die Mechanik (mechanics). Dieser Grundhaltung entsprach es, wenn unter anderem das Problem der Menschenbehandlung in zwei Vorträgen (1. The handling of men, 2. The importance of the man who handles men) eine eigene Behandlung fand und durch einen Vortrag über das Programm des „social and industrial betterment" der Colorado Fuel and Iron Company mit einem betriebssozialpolitischen System bekanntgemacht wurde. Die Idee des human engineering lebt bis zur Gegenwart fort, was sich beispielsweise in einer Reihe von Büchern zeigt[23]. Sie blieb indessen nur geistiger Wegbereiter und hat sich nicht

---

[23] Vgl. „Congress of Human Engineering". In: „The Ohio State University Bulletin", Bd. 21, Nr. 12 (Jan. 1917). A. Korzybski: „Manhood of humanity. The science and art of human engineering". New York (4. Druck 1923). L. A. Hartley: „Human engineering and industrial economy" (Chicago

selbst zu einer wissenschaftlich-fachlichen betrieblichen Sozialpolitik entfaltet. Diese ist vielmehr unter anderen Nennern erwachsen.

Die um 1900 sich durchsetzende Bewegung zur Erzielung einer höchstmöglichen Arbeitswirksamkeit erhielt 1903 durch Arthur Shadwell ihren Namen als „efficiency movement", 1911 in der von F. W. Taylor veröffentlichten Studie „The principles of scientific management" und 1913 in dem Werk „Psychology and industrial efficiency" von Hugo Münsterberg entscheidende Kristallisationspunkte[24]. Nachdem man in der sogenannten „wissenschaftlichen Betriebsführung" eine Zeitlang das Augenmerk stark auf die Technik und die technische Seite des Arbeitsprozesses beschränkt hatte, wurde während des Weltkriegs der vergessene oder vernachlässigte Mensch, der „human factor in industry" in seiner Bedeutung für den Arbeitsprozeß sozusagen entdeckt. Damit fand nicht nur die Psychotechnik den Ausgangspunkt ihres ersten größten Aufschwunges, sondern es erschienen auch über den human factor mehrere Bücher, die als Schriften zur betrieblichen Sozialpolitik anzusehen sind, wie beispielsweise diejenigen von L. K. Frankel mit A. Fleisher und von Harry Tipper, die sich wenig mit Psychotechnik befassen (Ermüdung, Anpassung der Arbeit an die Arbeiter), dagegen ausführlich die Einstellung und das Halten der Arbeitskräfte, Arbeits- und Betriebsschulung, Arbeitsbedingungen, Gesundheitsfürsorge mit Erfrischungs- und Erholungsgelegenheiten, Arbeiterwohnungsbau, Werks-Sozialversicherung und Werks-Sparkassen — so insbesondere Frankel und Fleisher — sowie die Zusammenhänge zwischen den modernen sozialen und industriellen Verhältnissen und die Bedeutung der Gewerkschaften für das Unternehmen — so in mehreren Abschnitten Tipper — behandeln[25]. Der grundsätzliche Ausgangspunkt bei Frankel

---

1928); Ch. R. Gow: „Foundations for human engineering". New York 1931. E. Wera: „Human engineering. A study of the management of human forces in industry". New York 1921. H. Myers: „Human engineering". New York 1932. F. A. Magoun: „Problems in human engineering". New York 1932. — Vermerkt werden könnten u. a. noch das ingenieurmäßig geschriebene Buch von R. T. Dana: „The human machine in industry". New York 1927. F. S. Lee: „The human machine and industrial efficiency". New York 1918.

[24] Zu erwähnen wäre insbesondere noch W. D. Scott: „Increasing human efficiency in business". (1. Aufl. 1911.) New York 1923.

[25] Vgl. Frankel u. Fleisher: „The human factor in industry". New York (1. Aufl. 1920) 1924. Tipper: „Human factors in industry. A study of group organization". New York 1922.

und Fleisher ist: Infolge der Zerstörung der persönlichen Beziehung zwischen Arbeitgeber und Arbeitnehmer erstreckte sich das Interesse des Arbeitgebers nur auf das Besitzen und nicht auf das Erhalten einer Arbeitskraft. „Aber die Erhaltung der geistigen und physischen Vitalität des Arbeiters, welche eine starke und willige Anstrengung möglich macht, ist eine wesentliche Voraussetzung für die moderne maschinisierte Industrie... Allein die Wirtschaftlichkeit verlangt Anpassung zwischen Arbeit und Arbeiter und betrachtet den Dienst am Arbeiter als integralen Teil der Produktion."

Frankel und Fleisher erklären einleitend, daß ihr Buch vor allem zur Schulung für das „personnel management" dienen soll und behandeln auch in einem eigenen Abschnitt die Organisation der Personalabteilung, die sie als „department of labor administration" bezeichnen, während Tipper ebenso in einem Kapitel von der Personalabteilung als „industrial relations department" spricht. In diesen Ausdrücken liegen die beiden Nenner der Kennworte, unter denen seit etwa 1912 die Bestrebungen amerikanischer betrieblicher Sozialpolitik zum Hochschulfach heranreifen: einerseits das „personnel management" — anfangs vorzüglich „employment management", gelegentlich auch „labor administration" oder „labor management" genannt —, andererseits die „industrial relations" — wofür zuweilen auch „labor relations", „personnel relations" oder „human relations in industry" steht —. Andere Ausdrücke, die eher den deutschen Auffassungen entsprechen, wie „company policies", „management policies" und „plant policy" kommen nur selten vor und haben nicht jene nahezu schablonenhafte Bekanntheit erhalten, wie die genannten Kennworte. Unter ihnen drangen die amerikanischen Hochschulen im Anschluß an Erfahrungen und Bestrebungen der amerikanischen Industriewelt in die betriebssoziale Problematik und deren Lösung vor, nachdem sowohl die Erörterungen über das „human engineering" als über den „human factor in industry" noch sehr stark in der Erkenntnis sozialer Betriebsprobleme steckenblieben und nicht viel mehr als Teillösungen boten.

Für die Erörterungen über das personnel management bot die Gründung des Nationalverbandes der Personalleiter 1911 — worüber bereits berichtet wurde — den äußeren Anlaß, während die Erörterungen über die industrial relations den Hauptanstoß erhielten durch den Beschluß des amerikanischen Kongresses vom 23. August 1912, eine „Commission on Industrial Relations" einzusetzen. Dieser Aus=

schuß sollte insbesondere Feststellungen machen über „bestehende Beziehungen zwischen Arbeitgebern und Arbeitnehmern", die Auswirkung industrieller Verhältnisse auf die öffentliche Wohlfahrt, das Anwachsen der Vereinigungen von Arbeitgebern und Lohnarbeitern und die Auswirkung solcher Vereinigungen auf die Beziehungen zwischen Arbeitgebern und Arbeitern. Als der Bericht[26]) 1916 vorgelegt wurde, lag es in erhöhtem öffentlichen Interesse, die Arbeiter gesund und zufrieden bei der Arbeit zu halten, da die wirksame Mobilisierung aller industriellen Möglichkeiten vom Standpunkt der Kriegsführung aus ebenso bedeutend war wie die Mobilisierung der militärischen Kräfte. Daher richtete die Regierung an einer Reihe von Universitäten Kurse ein, um Menschen für die Handhabung der Arbeitspolitik industrieller Betriebe nach den Grundsätzen des „employment management" zu schulen, Kurse, in denen Fragen der Wohlfahrt, der Sicherheit, der Gesundheit, der Lohnfestsetzung, des Unterhandelns mit Gewerkschaften und der Organisation von Personalabteilungen behandelt wurden.

In der Nachkriegszeit sahen sich die Hochschulen genötigt, den Anforderungen der Industrie Rechnung zu tragen und Studenten in den Prinzipien und Praktiken der Behandlung von Personalangelegenheiten zu unterweisen. Eine beträchtliche Zahl von industrie- und handelswirtschaftlichen Instituten an Universitäten und von Technischen Hochschulen nahmen regelmäßige Kurse über personnel management und industrial relations in ihren Lehrplan auf[27]). Diese hochschulmäßige Behandlung von Problemen der betrieblichen Sozialpolitik hat sich weiter ausgedehnt und mit beigetragen zu einer umfassenden Literatur.

Nach anfänglichen Erörterungen in Zeitschriften[28] erschienen seit

---

[26] Vgl. „Industrial Relations. Final Report and Testimony submitted to Congress by the Commission on Industrial Relations". 11 Bände. Washington 1916 (Senate document No. 415). „Final report of the Commission on Industrial Relations, including the report of Basil M. Manly etc." Washington 1916.

[27] Vgl. „Personnel administration in college curricula. Report of Committee on relations with colleges". New York 1925 (Special paper: No. 11, American Management Association).

[28] Eine Reihe von Zeitschriftenartikeln sind gesammelt in zwei Büchern herausgegeben worden von D. Bloomfield: „Selected articles on employment management". London 1920. Derselbe: „Problems in personnel management". New York 1923. Diese Sammlungen vermitteln einen guten Eindruck über die Erkenntnis der Problematik in der Zeit von 1915—1919.

2. Die Entwicklung im Auslande.

1920 eine Reihe von Schriften, welche teilweise praktischen Bedürfnissen zu entsprechen suchen, teilweise den wissenschaftlichen Aufbau einer "science and art of personnel management" dienen wollen. Hervorgehoben seien die Arbeiten von Ordway Tead und Henry C. Metcalf, Walter D. Scott mit Robert C. Clothier, J. D. Hackett und F. E. Baridon mit H. Loomis[29].

Das "personnel management" umfaßt inhaltlich zunächst sowohl Personalverwaltung als Personalpolitik und kann deutsch etwa mit "personale Betriebsführung" wiedergegeben werden. Daß es aber in einem modernen Sinne betriebliche Sozialpolitik bedeutet, läßt sich entnehmen der Umschreibung von "personnel administration" bei Tead und Metcalf als „die Planung, Beaufsichtigung, Leitung und Zusammenordnung jener Tätigkeiten einer Organisation, welche dazu beitragen, die gesetzten Ziele jener Organisationen zu verwirklichen mit einem Mindestmaß an menschlicher Bemühung und Reibung, mit einem belebenden Geist der Zusammenarbeit und mit besonderer Rücksicht auf das natürliche Wohlbefinden aller Glieder der Organisation". Leiserson sagt von der personalen Betriebsführung: „Sie befaßt sich mit den im Arbeitsvertrag begründeten menschlichen Beziehungen, welche dahin tendieren, ihre Angepaßtheit zu verlieren und beständig betreut, überwacht, überprüft, angeglichen, angepaßt werden müssen." Ein erheblicher Teil des Arbeitsproblems vom Betriebsstandpunkt ist, „eine befriedigende und wirksame Arbeitsgemeinschaft (working entente) zwischen Betriebsleitung und Arbeitnehmern zu schaffen" (Tead und Metcalf). Hierzu hat die Betriebsführung dem geistigen und leiblichen Zustand der Arbeiter Beachtung zu schenken, einmal, weil dieser Zustand viel mit dem Wert ihrer Dienste zu tun hat, sodann weil die Ar-

---

[29] Vgl. u. a. Tead u. Metcalf: "Personnel administration. Its principles and practice". (1. Aufl. 1920.) 3. Aufl. New York 1933. Tead: "A course in personnel administration. Syllabus and questions". New York 1923. Metcalf [editor]: "Scientific foundations of business administration". Baltimore 1926. Metcalf [editor]: "The psychological foundations of management". New York 1927. Tead u. Metcalf: "Labor relations under the Recovery Act". New York 1933. Scott u. Clothier: "Personnel management. Principles, practices and point of view". (1. Aufl. 1923.) Neu von S. B. Mathewson. New York 1931. Hacket: "Labor management". New York 1929. Baridon u. Loomis: "Personnel problems. Methods of analysis and control". New York 1931. E. H. Fish: "How to manage men. The principles of employing labor". New York 1920. W. H. u. D. J. P. Rossi: "Personnel administration. A bibliography. Baltimore 1925.

beiter gewisse unveräußerliche Rechte als menschliche Wesen haben, welche die Industrie anerkennen muß (Scott und Clothier). Bei dieser Auffassung muß das „personnel management" einmal als Produktionspolitik mit sozialen Mitteln, also als soziale Betriebspolitik angesehen werden, sodann aber auch als betriebliche Sozialpolitik, wie insbesondere von Leiserson betont wird, mit dem Hinweis: „Was in europäischen Ländern durch soziale Versicherungsgesetze getan wird, haben die führenden amerikanischen Industrien freiwillig unternommen für ihre Arbeitnehmer zu besorgen, als einem Teil ihres personnel management[30]." Daß diese betriebliche Sozialpolitik den gleichen Gegenständen wie die deutsche betriebliche Sozialpolitik Aufmerksamkeit schenkt, zeigt ein Blick in einige der genannten Hauptwerke, welche sich im einzelnen befassen mit Arbeiterangebot, Auswahl von Arbeitern, Arbeitsanalyse und Arbeitsplatzordnung, Betriebsordnung, Versetzung und Beförderung von Arbeitern, Verspätungen und Abwesenheit von der Arbeit, Urlaub, Arbeiterwechsel, Lehrlings- und Arbeiterschulung, Werkmeisterschulung, Überwachung und Kontrolle, Pflege der persönlichen Beziehungen, Arbeitervertretungen, Arbeitszeit, Arbeitslohn, Gewinn- und Kapitalbeteiligung, Sozialversicherung vom Betrieb aus, Werkswohnungsbau und Betriebswohlfahrtseinrichtungen überhaupt[31]).

Während die Wissenschaft der personalen Betriebsführung (personnel management) letzten Endes entscheidend von den Betriebsbedürfnissen ausgeht, stoßen die Erörterungen um das „handling of industrial relations" aus der sozialpolitischen Sphäre vor und sind vorzüglich am gesellschaftlichen Interesse orientiert. Das zeigt sich deutlich in der

---

[30] Leiserson: a. a. O., S. 145.

[31] In einer nicht eigentlich betriebspolitischen Literatur erfährt die psychologische Seite der personalen Betriebsführung eine besondere Behandlung. Hervorgehoben seien H. C. Metcalf [editor]: „The psychological foundations of management". Chicago und New York 1927. W. D. Scott: „Increasing human efficiency in business". (1. Aufl. 1911.) Erweiterte Aufl. New York 1923. L. D. Edie [compiler]: „Practical psychology for business executives". New York 1922. H. C. Link: „Employment psychology". New York 1919. H. E. Burtt: „Principles of employment psychology". Boston o. J. (1926). D. R. Laird: „Psychology of selecting men". New York 1925. L. M. Gilbreth: „The psychology of management". New York o. J. (1918). In deutscher Übertragung erschienen F. Watts: „Die psychologischen Probleme der Industrie". Berlin 1922. E. D. Smith: „Psychologie für Vorgesetzte". Berlin und Leipzig 1930.

Reihe der Bücher über industrial relations, aus denen diejenigen von A. M. Simons und D. L. Hoopingarner hervorgehoben sein mögen[32]. Albert Thomas hat recht, wenn er die besonders amerikanische Konzeption der „industrial relations" umschreibt als „Versuch des Arbeitgebers, Wohlfahrtseinrichtungen und wissenschaftliche Methoden der Fabrikverwaltung durchzuführen[33]". So ist die Übersetzung mit „betriebliche Sozialpolitik" jedenfalls oft geradezu geboten.

Die „science of industrial relations" geht in ihrer sozialpolitischen Erwägung grundsätzlich vom Betrieb aus[34], mit Bezug auf den erklärt wird, daß seine persönlichen Beziehungen nicht verstanden werden können, „ohne eine Analyse der Kräfte, Funktionen und Verantwortlichkeiten der verschiedenen Elemente, welche zu einer typischen körperschaftlichen Unternehmung gehören[35]". Es versteht sich, daß hierbei dem Unternehmensleiter eine besondere Rolle zukommt und daher dem Führerproblem in der Industrie eine eigene Aufmerksamkeit geschenkt wird, beispielsweise von D. R. Craig mit W. W. Charters, Sam. A. Lewisohn und H. C. Metcalf[36]. Lewisohn erklärt ausdrücklich: Bei aller

---

[32] Vgl. Simons: „Personnel relations in industry". New York 1921. Hoopingarner: „Labor relations in industry". Chicago 1925. J. D. Rockefeller jun.: „The personnel relation in industry". London o. J. (1924). H. B. Butler: „Die Beziehungen zwischen den Arbeitgebern und Arbeitnehmern in den Vereinigten Staaten" (Genf 1927) ist zur Zeit noch die beste deutsche Darstellung zur amerikanischen betrieblichen Sozialpolitik; höchst unzulänglich ist F. Curschmann: „Industrielle Personalpolitik in USA.". Berlin 1933.

[33] A. Thomas: „Industrial relations". In: „Towards industrial peace. Report of the proceedings of a conference organized by the League of Nations Union etc.". London 1927. S. 254.

[34] Vgl. Butler, a. a. O., S. 86: Die zweite Industriekonferenz im Jahre 1920 „hat sich vom Gedanken leiten lassen, daß gute Beziehungen zwischen Arbeitgebern und Arbeitnehmern von der bewußten Regelung und Organisierung dieser Beziehungen selbst abhängen. Man soll den Anfang mit dem einzelnen Betrieb machen und dort die gegenseitigen Beziehungen zu regeln versuchen. Das Ziel dieser Bemühungen soll die Ausbildung der Interessenharmonie und die Einengung der Konfliktgebiete sein".

[35] Manley: a. a. O., S. 26.

[36] Vgl. D. R. Craig u. W. W. Charters: „Personnel leadership in industry". New York 1925. S. A. Lewisohn: „The new leadership in industry". New York (1926). Dasselbe deutsch: „Neue Führerprobleme in der Industrie". Berlin o. J. (1930). H. C. Metcalf: „Business leadership". New York 1931.

Nützlichkeit kann die Arbeitsgesetzgebung nicht über einen gewissen Punkt hinausgehen; sie kann ihrer Natur nach nur regulativ und negativ sein. Die Zusammenarbeit „muß durch Methoden und Organisation im Betrieb selbst entwickelt werden[37]". „Der eigentliche Eckstein der gesamten industriellen Ordnung liegt in den persönlichen Beziehungen" (Houser). Aber wenn auch „innerbetriebliche Beziehungen den Ausgangspunkt (intra-plant relations the starting point)" (Lewisohn) abgeben, so gruppieren sich um die Erörterungen über die zentralen Betriebsbeziehungen Ausführungen über die Industrieordnung und Gesellschaftsordnung, insbesondere über die Gewerkschaften in ihrer Beziehung auf den Betrieb und die Unternehmerverbände. Zwar herrscht der soziale Gesichtspunkt vor; jedoch findet ein Ausgleich mit Wirtschaftsgrundsätzen insofern statt, als „gesunde Geschäftsanschauungen" in Rechnung gestellt werden (Hoopingarner). Letzten Endes soll gerade auch der Wirtschaft die Erreichung des Zieles, nämlich die Schaffung befriedigender menschlicher Beziehungen und Verhältnisse in der Industrie, dienen.

Da die personale Betriebsführung vorzüglich eine Spezialisierung auf die innerbetrieblichen Probleme darstellt, bildet sie, wissenschaftlich gesehen, ein Teilfeld der „industrial relations" als betriebliche Sozialpolitik im weitesten Sinne, die als zweites Feld die Wohlfahrtspflege[38] — heute in den Vereinigten Staaten von Amerika eher als „personnel work" oder „personnel service" denn als „welfare work" bezeichnet — mit umfaßt und darüber hinaus den grundsätzlichen und systematischen Fragen Beachtung schenkt[39].

Das ungeheure Materialbedürfnis zum Aufbau einer betrieblichen Sozialpolitik führte zur Einrichtung einer ganzen Reihe von For-

---

[37] Schon vorher erklärte Manly, a. a. O., S. 19, daß dem Handlungsbereich des Staates nur das reserviert werden dürfe, was entweder von den Privatunternehmen nicht wirksam getan oder ihrer Unsicherheit nicht überlassen werden könne, weil es von Lebensbedeutung für die ganze Nation sei.

[38] Hierüber beispielsweise L. A. Boettiger: „Employee welfare work. A critical and historical study"- New York 1923.

[39] So heißt es in: „Engineering administration", published by the Massachusetts Institute of Technology, Cambridge 1928, S. 13: „The course in industrial relations is designed to afford those who plan to enter executive service a knowledge of the problems of labor management and personnel work and the principles which may be applied in their solution." Ähnliches läßt sich Hoopingarner entnehmen.

schungsstätten, deren größere Zahl von Unternehmerseite getragen wird, wie beispielsweise das National Industrial Conference Board, die American Management Association, die Industrial Relations Counsellors, die Personnel Research Federation und die Jacob Wertheim Research Fellowship for the Betterment of Industrial Relationships. An den Hochschulen ist, soweit bekannt, mit einer besonderen Forschungsstelle nur die Princeton University ausgestattet, die in ihrer Abteilung für Wirtschafts- und Sozialinstitute eine eigene Industrial Relations Section unterhält. Dagegen gibt es Professoren und Lektoren für personnel management und industrial relations an einer ganzen Reihe von amerikanischen Hochschulen.

Schließlich ist noch zu vermerken, daß bereits eine Fülle von Abhandlungen über Einzelfragen der personalen bzw. sozialen Betriebsführung vorliegt, welche sich beispielsweise befassen mit Arbeiterwechsel (labor turnover), Arbeitervertretung, Werkmeister und Werkmeisterschulung, Werkszeitung, Ferien, Gewinnbeteiligung und Verhältnissen in einzelnen Gewerben[40].

b) Wie in den Vereinigten Staaten von Amerika so scheint auch in **England** die Zeit nach 1900 reif gewesen zu sein für einen ersten Vormarsch in der Richtung auf eine betriebliche Sozialpolitik. Ein Buch aus dem Jahre 1905 von Budgett Meakin, „lecturer of industrial betterment", über Musterfabriken[41] läßt das vermuten. Jedoch erst

---

[40] Vgl. u. a. S. H. Slichter: „The turnover of factory labor". New York (1. Aufl. 1919) 1921. P. F. Brissenden u. E. Frankel: „Labor turnover in industry. A statistical analysis". New York 1922. W. J. Lauck: „Political and industrial democracy 1776—1926". New York 1926. E. R. Burton: „Employee representation". Baltimore 1926 (hier Angabe der wichtigeren Schriften von Commons, French, Leitch, Litchfield, Miller, Rockefeller, Selekman und Wolfe). G. L. Gardiner: „Foremanship". Chicago 1927. „Bibliography on foreman training", herausgeg. vom Federal Board for Vocational Education. Washington 1928. P. F. O'Shea: „Employee's magazines". New York 1920. C. M. Mills: „Vacations for industrial workers". New York (1927). C. C. Balderston: „Managerial profit sharing". New York 1928. H. Robbins: „Human relations in railroading". New York (1927). A. H. Carver: „Personnel and labor problems in the packing industry". Chicago (1928). Mary van Kleeck: „Miners and management". New York 1934.

[41] Vgl. Meaking: „Model factories and villages. Ideal conditions of labour and housing". London 1905. Derselbe: „Soziale Wohlfahrtspflege". In: „Sozialsekretäre und Fabrikpfleger". Herausgeg. von L. Katscher

nach Beendigung des Weltkrieges beginnt ein klarer Anlauf zur Begründung dessen, was in Parallele zur deutschen wissenschaftlichen betrieblichen Sozialpolitik gestellt werden kann. Die Ausgangspunkte hierzu liegen allerdings hauptsächlich noch in der Weltkriegszeit.

Während des Weltkrieges strömte eine große Zahl von Frauen in die Kriegsindustrie, und es galt, diese arbeitsunerfahrenen wie die übrigen Arbeitnehmer gesund und zufrieden bei der Arbeit zu halten, nicht zuletzt um möglichst hoher Arbeitserträge willen. Daher richtete das Munitionsministerium eine Gesundheits- und Wohlfahrtsabteilung ein. Durch deren Tätigkeit wurde die Aufmerksamkeit einer großen Zahl von Unternehmungen auf den bisher allzuoft vernachlässigten sozialpolitischen Aufgabenbereich des Betriebes gelenkt und dessen Besorgung erzwungen durch eigens — auf Grund eines Gesetzes — einzustellende Fabrikpfleger. Diese befaßten sich aus Berufsgründen mit der Ausarbeitung, Vertiefung und Erweiterung ihres Aufgabenbereichs, stellten Prinzipien auf und entwickelten Praktiken im Hinblick auf die Gesunderhaltung der Arbeiter und auf die Erhöhung der Arbeitswirksamkeit durch günstige sachliche Arbeitsbedingungen, durch wohlerwogene Auswahl der Arbeitnehmer und durch tunliche Minderung der Ermüdungsanlässe. Dazu führten eigene Erfahrungen sowohl als amerikanische Erörterungen eine nicht geringe Zahl von Leitern in der Industrie zu der mehr oder weniger dumpf gefühlten Notwendigkeit einer bewußten Organisation und umfassenden Betriebsführung.

Oliver Sheldon dürfte der Erste gewesen sein, der 1920 in einem Buch „Die Philosophie der Betriebsführung" das unsichere Tasten auf den sicheren Weg führte. Er geht aus von der aktuellen Gefahr der Betriebsleitung, welche nicht in einem Mangel an Tätigkeit, sondern in dem Fehlen eines Tätigkeitsplanes liegt, und welche die Frage offen läßt, ob all die neuen Dinge, wie Personalabteilungen, Wohlfahrtssysteme, Zeitstudien, Werkmeisterkurse, Kostenrechnungen, Untersuchungsstellen und Sonstiges „mit irgendeiner grundsätzlichen Überzeugung verbunden sind und im Lichte irgendeines letzten Zweckes betrachtet werden". Demgemäß befaßt er sich mit dem Zweck, dem Bereich und den Grundsätzen der Betriebsführung. Er behandelt neben der technischen Betriebsführung die personale Betriebsführung und bei dieser

(Heft 91 der Sammlung „Sozialer Fortschritt"). Leipzig 1907. Derselbe: „Erholung für das Arbeits- und Verkaufspersonal". Hefte 264/265 der gleichen Sammlung. Gautzsch bei Leipzig 1909.

2. Die Entwicklung im Auslande.

im einzelnen: den neuen Geist in der Industrie; Lohnprobleme, Berufsdiagnose und Arbeitsanalyse; Einstellung, Halten und Entlassung von Arbeitern; Arbeiterwechsel; wirtschaftliche Sicherheit der Arbeiter: Wohlfahrtsarbeit; Schulung und Erziehung; Gewerkschaften: Zusammenarbeit. Die starke Betonung der sozialen Verantwortung der Betriebsleitung gegenüber den Arbeitern und der Gesellschaft sowie die Ausrichtung der Betriebsführung auf das Gemeinwohl zeigt, daß Sheldon einen höchst wichtigen Beitrag für die betriebliche Sozialpolitik geliefert hat.

Schon vor Sheldon verwies Arthur Denning[42] auf die Notwendigkeit, in der Betriebsführung die alten Daumenregeln zu ersetzen durch eine wissenschaftliche Behandlung der Betriebsorganisation; er erörtert in drei Hauptabschnitten seines Buches die Funktionen der Leiter, der Werkmeister sowie der Arbeiter, unter fortgesetztem Hinweis auf die menschliche Seite in der Industrie und vor allem auf die Bedeutung der Menschenbehandlung im Betrieb. Entsprechend geht auch Sidney Webb[43] in Ausführungen über den Werksleiter genauer auf dessen menschliche Angelegenheiten im Betrieb ein und bringt dabei etwas wie eine betriebliche Sozialpolitik. Am weitesten kommt in den ersten Nachkriegsjahren John Lee[44] in der Beschreibung und Beleuchtung der personalen oder sozialen Betriebsaufgaben, die als Angelegenheiten der Betriebsführung behandelt werden, welche nach ihm ebenso eine Kunst wie eine Wissenschaft sein muß.

Indessen haben die erwähnten Arbeiten keinen entscheidenden Anstoß zum Aufbau einer Wissenschaft geboten. Und wenn in der Folgezeit unter den bekannten Ausdrücken „human factor in industry" und „industrial relations" einige Schriften erschienen sind, so handelt es sich hierbei um industriepsychologisch und psychotechnisch orientierte sowie um in der sozialpolitischen Fragestellung „Kapital und Arbeit" verbleibende Studien[45].

Überhaupt müssen die psychotechnischen Arbeiten der Nachkriegszeit,

---

[42] Vgl. A. du Pré Denning: „Scientific factory management". London o. J. (1919).

[43] Vgl. S. Webb: „The works manager to-day". London 1918.

[44] Vgl. J. Lee: „Management. A study of industrial organization". London 1921. Derselbe: „The principles of industrial welfare". London 1924.

[45] Vgl. beispielsweise E. P. Cathcart: „The human factor in industry". London 1928. H. Clay: „The problem of industrial relations". London 1929.

wenigstens was die Behandlung einzelner Personalprobleme des Betriebes angeht, als zu den wichtigsten Beiträgen für den Aufbau einer umfassenden wissenschaftlichen betrieblichen Sozialpolitik gehörend angesehen werden. Hervorzuheben sind vor allem die Untersuchungen des National Institute of Industrial Psychology, welches gegründet wurde „zur Förderung des Studiums der menschlichen Seite der Arbeit, und um die Ergebnisse solchen Wissens in die Praxis umzusetzen", sowie des Industrial Fatigue Research Board[46].

Daß die Zeit reif ist für die Begründung einer Wissenschaft von der sozialen Betriebsführung läßt sich mittelbar ersehen aus einer Reihe von Schriften über die Ausbildung von Werksleitern[47], welche auch den personalen bzw. sozialen Betriebsaufgaben Aufmerksamkeit schenken.

Nur eine Stelle in England ist zu einer wissenschaftlichen betrieblichen Sozialpolitik vorgestoßen, das Institute of Labour Management in London. 1913 als Institute of Industrial Welfare Workers gegründet, hat es sich nie gänzlich auf die eigentliche Betriebswohlfahrtsarbeit beschränkt, vor allem nicht in der Nachkriegszeit[48]. Wenn es

---

J. A. Hobson: „The conditions of industrial peace". London (1927). — Eine Ausnahme hiervon macht B. S. Rowntree: „The human factor in business". 2. Aufl. London 1925.

[46] Vgl. H. J. Welch u. C. S. Myers: „Ten years of industrial psychology". London 1932 (hier S. 141/42 Verzeichnis der Veröffentlichungen der Mitarbeiter des Instituts). G. H. Miles: „The problem of incentives in industry". London 1932. „The Human Factor" (die Zeitschrift des Instituts). 1934. Bd. 8. Aus der langen Reihe von Veröffentlichungen des „J.F.R.B." vgl. beispielsweise S. Wyatt: „Rest-pauses in industry". (Report Nr. 42.) London 1927. — Vgl. ferner B. Muscio: „Lectures on industrial psychology". 2. Aufl. London 1920. H. M. Vernon: „Industrial fatigue and efficiency". London 1921. P. S. Florence: „Economics of fatigue and unrest and the efficiency of labour in English and American industry". London o. J. (1924). M. Martin-Leake u. Th. Smith: „The scientific selection and training of workers in industry and commerce". London 1932.

[47] Vgl. J. A. Bowie: „Education for business management". London 1930. T. H. Burnham: „Works management education". London 1933. J. J. Gillespie: „Training in foremanship and management". London 1934.

[48] Vgl. die von Mitgliedern der Vereinigung verfaßte und von E. T. Kelly herausgegebene Schrift „Welfare work in industry". London 1925. — Siehe bezüglich der Wohlfahrtsarbeit in der englischen Industrie vor allem auch E. D. Proud: „Welfare work". London 1916.

erst 1931 seinen Namen änderte, so geschah dies, weil der Begriff des „welfare work" mehr als Wohlfahrtsarbeit beinhaltet und wenigstens oft einen starken Einschlag der Bedeutung „personale oder soziale Betriebspolitik" aufweist. Nunmehr erklärt das Institut zu seinen Zielen insbesondere „die Wissenschaft des labour management (industrial welfare work, staff management and employment administration) zu fördern und zu entwickeln", sowie das Bestreben, „eine grundlegende Politik zu formulieren, eine Technik auszuarbeiten und, wenn nötig, gemeinsam zu handeln in Angelegenheiten, welche die Entwicklung und Verbesserung des labour management betreffen". Es dient seinen Mitgliedern, welche zum großen Teil in der betrieblichen Personalführung tätig sind, durch Einzelauskünfte und ihnen sowohl als dem Aufbau einer Wissenschaft von der personalen oder sozialen Betriebsführung durch seine 1934 im 16. Bande unter dem Titel „Labour Management" erscheinende Monatsschrift. — Nach dieser Vereinigung ist noch die 1918 von Unternehmern gegründete Industrial Welfare Society zu nennen, die auch seit einigen Jahren den Fragen der personalen und sozialen Betriebsführung eine erhöhte Aufmerksamkeit widmet, nicht zuletzt in ihrer Monatsschrift „Industrial Welfare and Personal Management".

An den englischen Hochschulen gibt es wie in der gesamten Buchdiskussion nicht mehr als Ansätze für eine wissenschaftliche Behandlung von Problemen der betrieblichen Sozialpolitik. Zwar hat Sir Montague Burton 1930 drei Professuren für „industrial relations" gestiftet an den Universitäten Cardiff, Leeds und Cambridge. Ihre Professoren sind jedoch erst im Aufbau ihrer Arbeit. Immerhin schenkt Professor John Hilton in Cambridge den Arbeitsverhältnissen besondere Aufmerksamkeit, während Professor J. H. Richardson ein Drittel seines zweiwochenstündigen Kollegs den sozialen Betriebsproblemen widmet[49].

c) In **Frankreich** gab es früher als in einem anderen Lande starke Ansätze zu einer wissenschaftlichen betrieblichen Sozialpolitik. Der bekannte Sozialreformer Frédéric Le Play war schon um die Mitte des

---

[49] Vgl. J. Hilton: „Industrial relations". Inaugural lecture. Cambridge 1931. J. R. Richardson: „Industrial relations in Great Britain". Studies and Reports. International Labour Office. Genf (J. A. A.) und London (King) 1933.

letzten Jahrhunderts auf dem Wege zu ihr. Sein Schüler Emile Cheysson trat gegen 1890 als Erster über ihre Schwelle.

Cheysson erfaßte die Tatbestände der betrieblichen Sozialpolitik als „action sociale du patron". Er erklärte: Der Friede im Betrieb ist eine wesentliche Voraussetzung für das wirtschaftliche Gedeihen der Unternehmung. Gute Beziehungen zu dem Personal stellen eine technische Notwendigkeit dar, wie der gute Zustand des Werkzeugs und des Motors. „Früher gab es für einen Unternehmer zwei Möglichkeiten, sich mit Sicherheit zugrunde zu richten: nicht verkaufen oder einkaufen und nicht fabrizieren zu können, mit anderen Worten, ein schlechter Kaufmann oder ein schlechter Industrieller zu sein. Heute gibt es noch eine dritte Möglichkeit: sein Personal nicht zu behandeln wissen, ein schlechter Menschenführer zu sein." Aus dieser Anschauung erörterte er unter anderem die Sozialproblematik des Industriebetriebes im Wandel der Zeiten, die Betriebsstellung des Unternehmers und des Ingenieurs — dessen technische Fähigkeiten er durch die Qualifikation eines Sozialingenieurs ergänzt sehen wollte — sowie die Arbeiterbehandlung im Betrieb, und betonte die Notwendigkeit der Besorgung betriebssozialer Monographien, zu der er selbst ein Schema entwarf. Von 1884 bis 1906 hielt er in der Höheren Bergschule zu Paris Vorlesungen ab, in denen er seine Erfahrungen und Anschauungen zum Vortrag brachte[50].

Die Gedanken Cheyssons haben seinerzeit in Frankreich und darüber hinaus — beispielsweise in den Vereinigten Staaten von Amerika und in Deutschland — ein lebhaftes Echo gefunden. Nach seinem Tode 1910 jedoch trat sein Einfluß schnell zurück, und es bedurfte neuer Ansatzpunkte zum Ausgang einer betriebssozialpolitischen Diskussion.

Im Jahre 1914 veröffentlichte R.=A. Henry eine Schrift[51], deren Grundthese ist: Nicht die sozialistische (d. h. kollektivistische) Organisation vermag die soziale Lage zu bessern, sondern eine Organisation, welche die Einzelpersönlichkeit in Rechnung stellt; daher muß im Betrieb die Einzelpersönlichkeit gewürdigt werden. In Ausarbeitung dieses Satzes geht Henry allen wichtigeren sozialen Tatbeständen des Be=

---

[50] Vgl. Cheysson: „Œuvres choisies". 2 Bände. Paris 1911.

[51] Vgl. R.=A. Henry: „Le socialisme et l'art de commander dans l'industrie". Lüttich und Paris 1914. Näheres über Henry und auch zum Folgenden zu vergleichen Geck: „Das Betriebskommando in Frankreich". In: „Kölner Vierteljahrshefte f. Soziol." 12. Jahrg. (1933/34). S. 305—327.

2. Die Entwicklung im Auslande.

triebes nach, betrachtet die Betriebsherren nach ihrer Stellung im Betrieb und zum Arbeiter und verfolgt den Arbeiter im Betrieb in Darlegungen über die Einstellung, Gesundheits- und Unfallfürsorge, Arbeiterbehandlung, Lohnfragen, Gewinn- und Kapitalbeteiligung der Arbeiter, Werkskonsumanstalten, Arbeiterwechsel, Entlassung. Er entwickelt mit der Darbietung dieser Lehre von der Menschenführung im Betrieb tatsächlich ein System der betrieblichen Sozialpolitik.

Wenngleich die Schrift von Henry Ausdruck ist für die Zeitreise zur Diskussion, so ist sie doch auch Vorläufer für die Hauptdiskussion, welche durch den Weltkrieg ausgelöst wurde. Nachdem in Frankreich das Führerproblem für das Heer offenbar geworden war, erkannte man es auch für die Industrie. Unter dem Stichwort vom „commandement" entstand eine Literatur über Menschenführung, die bis in die letzten Jahre reicht und sich zu einem erheblichen Teil mit der Gestaltung der menschlichen Beziehungen sowie der Menschenbehandlung im Betrieb befaßt. Eine solche Lehre von der Menschenführung erarbeitete beispielsweise Pierre Pezeu und Robert Courau. Pezeu betont die Notwendigkeit einer neuen Wissenschaft oder Kunst, welche zum Gegenstande habe, die Kenntnis dessen, was die Amerikaner „the human factor in industry" nennen und in Frankreich als „l'art de commander" bezeichnet wird. Er beschränkt sich auf die Grundlegung sowie eine Skizze der Lehre von der Menschenführung und streift nur gelegentlich betriebssoziale Einzelprobleme. Courau dagegen, welcher sich nur mit denjenigen Betriebspersonen befaßt, die irgendeine leitende Funktion haben, gibt durch Eingehen auf die Frage der Auswahl, Entlassung und Angleichung der leitenden Arbeitnehmer sowie ihres Umgangs mit dem Chef einen wichtigen systematischen Ausschnitt aus einem Spezialgebiet der betrieblichen Sozialpolitik[52].

Gleichfalls seit 1917 entfaltete sich die französische Verwaltungslehre, welche von Henri Fahol begründet, unter anderen von Paul Vanuxem vertieft und von Joseph Wilbois mit der sogenannten wissenschaftlichen Betriebsführung taylorscher Begründung synthetisiert wurde[53]. Sie ist eine Soziallehre, welche für alle sozialen Gebilde und

---

[52] Vgl. Pezeu: „Les hommes qu'il nous faut pour l'organisation du travail". Paris 1918. Courau: „Le patron et son équipe. Psychologie du haut commandement des entreprises". Paris 1930.

[53] Vgl. H. Fahol: „Administration industrielle et générale" (1. Aufl. Paris 1916). 12.—15. Tausend. Paris 1925 (deutsch: „Allgemeine und in-

insbesondere den Industriebetrieb die höheren Bedingungen der Dauer, des Gedeihens und des Erfolges in ihrer Sendung klarzulegen versucht und auf diese Erkenntnis eine Lehre von der sozialen Betriebsführung baut, die als ein wichtiger Beitrag zu einem System wissenschaftlicher betrieblicher Sozialpolitik bezeichnet werden darf.

Manches Material für den Aufbau einer betrieblichen Sozialpolitik als Wissenschaft bieten auch die französischen Veröffentlichungen über Industriewohlfahrtspflege[54], über die Betriebsleiter und ihre Ausbildung[55], wie eine langsam stärker werdende Literatur über die personalen Betriebsprobleme, die teilweise amerikanische Einflüsse verraten und teilweise den Ausgang von betriebsorganisatorischen und betriebswirtschaftlichen Erwägungen zeigen[56]. Aus der Reihe der letzteren sei das Werk von L. Chambonnaud hervorgehoben, welches einen selbständigen Band in der Reihe von Bänden über „Die Technik der Geschäfte" darstellt, wohingegen die betriebswirtschaftliche Literatur allzuoft den Personalfragen eine nur untergeordnete Behandlung einräumt. Chambonnaud behandelt auf über 500 Seiten nach dem einleitenden Kapitel „Der Verlust an Aufwänden" in vier Hauptabschnitten die Auswahl, die Unterweisung, die Leitung und die Ent-

---

dustrielle Verwaltung". München und Berlin 1929). „L'éveil de l'esprit public". Herausgeg. von Fayol. In: „Bulletin de la Société de l'Industrie Minérale", Jahrg. 1917. Vanuxem: „Industrialiser". Paris 1918. Wilbois u. Vanuxem: „Essai sur la conduite des affaires et la direction des hommes", Paris 1919. Wilbois: „Comment faire vivre une entreprise". Paris 1928. Siehe auch Geck: „Die französische Verwaltungslehre". In: „Ztschr. f. Betriebswirtschaft", Jahrg. 1934, Heft 1.

[54] Vgl. beispielsweise H. Brice: „Les institutions patronales". Paris 1894. R. Pinot: „Les œuvres sociales des industries métallurgiques", Paris 1924. H. Detrieux: „Les œuvres sociales dans la grande industrie en France", Paris 1929.

[55] Vgl. J.-P. Palewski: „Le rôle du chef d'entreprise dans la grande industrie", Paris o. J. (1924). J. Wilbois: „Le chef d'entreprise, sa fonction et sa personne". Paris 1926. Ch. Nicaise: „La formation du chef d'entreprise". Paris 1923. Pierre Jolly: „L'éducation du chef d'entreprise". Paris o. J. (1933).

[56] Vgl. Ph. Girardet: „Les affaires et les hommes". Paris 1927. M. Ponthière: „Le nouvel esprit des affaires". Paris o. J. (1931?). E. de la Tour Girard: „Le bon ouvrier, ses bons chefs". Paris 1929. L. Chambonnaud: „Les affaires et le personnel". 2. Aufl. Paris 1920 (3. Aufl. Paris 1931).

lohnung des Personals und schließt mit einem Kapitel über „Die Kunst der Menschenführung".

Während Chambonnaud letzten Endes zu seinen Ausführungen kommt, weil die moderne Betriebsorganisation die spezielle Behandlung der menschlichen Dinge erheischt, liegt in dem jüngsten Werk von Hyacinthe Dubreuil über „Arbeitgeber und Lohnarbeiter in Frankreich[57]" eine Annäherung an die betriebliche Sozialpolitik von sozialpolitischer Seite vor. Zwar geht es Dubreuil um die gesamten Beziehungen in der Industrie. Er bringt jedoch in eigenen Abschnitten ausführliche Darlegungen über die Maßnahmen der Sozialpolitik der Unternehmer, insbesondere über Gewinnbeteiligung, Interessenanreize, Anregungen der Arbeiter, Werkszeitungen, Unfallverhütung, Lehrzeit, Arbeiterwohnung, Freizeitgestaltung, Arbeitergärten und sozialen Dienst in der Industrie.

Aber allen diesen Erörterungen fehlt ein Begriff und eine Systematik, welche der deutschen wissenschaftlichen betrieblichen Sozialpolitik an die Seite gestellt werden könnte. Am nächsten kommt diesen auf den Hochschulen Professor René Hubert und in der Literatur Edouard Maurel.

Hubert drang zu einer „Psychosoziologie der Arbeit" vor, die er seit 1928 an der Universität Lille vertritt. Seine Darlegungen gehen in sozialwissenschaftlichen Betrachtungen ein auf die sachlichen Arbeitsumstände, auf die Psychotechnik des Arbeitens und die Psychologie der Arbeiter sowie die Betriebsbeziehungen zwischen Leitern und Arbeitern. Durch Hubert angeregt, lehrt Professor de Menthon seit 1930 an der Universität Nancy ebenfalls „Psychosoziologie der Arbeit", wobei er das Buch von Courau zugrunde legt.

Maurel bringt unter einem irreführenden Titel[58] in drei Abschnitten Berichte über die vielseitige Behandlung personaler und sozialer Dinge in den Vereinigten Staaten von Amerika, England und Frankreich und bietet damit die zur Zeit verhältnismäßig beste Übersicht bezüglich der tatsächlichen betrieblichen Sozialpolitik in den drei wichtigsten außerdeutschen Kulturländern.

---

[57] Vgl. H. Dubreuil: „Employeurs et salariés en France". Paris 1934. Vgl. aus der Zahl sonstiger Veröffentlichungen von Dubreuil insbesondere: „La république industrielle". Paris o. J. (1923 oder 1924).

[58] E. Maurel: „L'ingénieur social dans l'industrie". Paris 1929.

III. Begriff, Wesen und Aufgabe der betrieblichen Sozialpolitik.

Die Nachforschungen über die tatsächlichen Erscheinungen betrieblicher Sozialpolitik wie über die Erwägungen zu ihrer wissenschaftlichen Begründung und Ausgestaltung zeigen, daß es nicht gerechtfertigt ist, eine Scheidewand zu ziehen zwischen der Praxis betrieblicher Sozialpolitik und der wissenschaftlichen Erörterung ihres Gegenstandes und ihrer Probleme mit der Behauptung, daß „die theoretische Klärung noch nicht erfolgt" sei — wie Fricke dies in dem eingangs erwähnten Aufsatz tut —. Zwar gibt es eine Vielseitigkeit bei den Maßnahmen und bei den Angriffspunkten ihrer Probleme; aber im wesentlichen liegt doch beiderseits eine Eindeutigkeit vor, welche ohne Schwierigkeit sichere Feststellungen über Begriff, Wesen und Aufgabe, damit über entscheidend wichtige Grundfragen der betrieblichen Sozialpolitik gestattet.

Wenn man über den Begriff des sozialen Problems einig ist, wird man auch bezüglich des allgemeinen Begriffs der Sozialpolitik und bezüglich des besonderen Begriffs der betrieblichen Sozialpolitik leicht eine Einigung finden. Das Wort „sozial" bedeutet unter anderem einmal „zwischenmenschlich", d. h. das Verhältnis von Mensch zu Mensch angehend, sodann „mehrmenschlich", d. h. irgendeine Zahl von Menschen angehend. Demgemäß liegt eine soziale Problematik dort vor, wo das Leben einer Zahl einzelner, irgendwie gleichartig betroffener Menschen oder das Leben irgendwie menschlich in Beziehung Tretender, menschlich Verbundener oder sozialgebildlich Geeinter fraglich wird. Da dieses Fraglichwerden sowohl das mehr oder weniger relative Wohlergehen bestimmter Schichten oder Kreise von Menschen — nicht etwa einzelner Menschen, mit denen sich Fürsorge oder Charitas befassen —, als die Ordnung des Zusammenlebens von Menschen betreffen kann, umfaßt jede Sozialpolitik neben- und miteinander soziale Ordnungspolitik und soziale Wohlfahrtspolitik.

Diese grundsätzliche Erwägung findet hinsichtlich des Betriebes ihre tatsächliche Bestätigung darin, daß Unternehmer und Unternehmens-

III. Begriff, Wesen und Aufgabe der betrieblichen Sozialpolitik. 55

leiter seit Beginn des Industriezeitalters sowohl Maßnahmen zur Ordnung der Mensch-Mensch-Verhältnisse als zur Hebung und Sicherung der Wohlfahrt der in ihrem Betrieb Tätigen trafen. Die Berücksichtigung zweier weiterer Tatsachen erlaubt alsdann die Begründung eines allgemeinen Begriffs der betrieblichen Sozialpolitik, nämlich: 1. daß die Maßnahmen betrieblicher Sozialpolitik nicht auf die Betriebsverhältnisse beschränkt wurden, sondern zum Teil — insbesondere die Wohlfahrtsmaßnahmen — sich auch auf das Leben der Arbeitnehmer außerhalb der Betriebe erstreckten und erstrecken; 2. daß die sozialpolitischen Maßnahmen der Unternehmer vor allem durch Vorschriften der Staaten bezüglich der Arbeitszeit, bezüglich der Beschäftigung von Kindern, Jugendlichen und Frauen, bezüglich rechtmäßiger Vertretungen von Arbeitern (Arbeiterausschüsse, Betriebsrat), bezüglich gesundheitlicher und unfallverhütender Vorkehrungen usw. gelegentlich aufgehoben oder ergänzt wurden. Hieraus ergibt sich, daß die Charakterisierung „betrieblich" im Zusammenhang mit Sozialpolitik nicht nur bedeutet, „gerichtet auf die sozialen Verhältnisse des Betriebes", sondern auch „gerichtet auf die mit dem Betrieb in unmittelbarer Berührung stehende menschliche Umwelt", und auch nicht nur die Gesamtheit der Maßnahmen und Bestrebungen, welche von der Unternehmensleitung ausgehen, umfaßt, sondern auch die von Mächten außerhalb des Betriebes auf die sozialen Betriebsverhältnisse gerichteten Maßnahmen und Bestrebungen.

Demgemäß läßt sich betriebliche Sozialpolitik[1] definieren als jede vom Betrieb ausgehende und jede auf den Betrieb ge-

---

[1] Es ist üblich geworden, von betrieblicher Sozialpolitik und von sozialer Betriebspolitik zu sprechen; es empfiehlt sich aus diesem Grunde und weil die Betriebe gemäß ihrer verschiedenen Artung besondere Voraussetzungen für eine jeweils mögliche und notwendige Sozialpolitik bieten, bei diesen Ausdrücken zu bleiben. Zwar wird zumeist die Unternehmensleitung das entscheidende Wort in der eigenen Sozialpolitik sprechen — obgleich der Einzelinitiative eines Personalchefs, Ingenieurs usw. oft eine erhebliche, wenn nicht gar bestimmende Rolle zukommt —. Da aber die zuweilen an verschiedenen Orten liegenden Werke von Großunternehmungen eine charakteristische eigene Sozialpolitik entfalten, würde man eigentlich von sozialer Werkspolitik und werklicher Sozialpolitik sprechen müssen. Die werkliche Sozialpolitik würde dann einen Teil der unternehmerischen Sozialpolitik darstellen, welche sich außerdem insbesondere auf die staatliche — überbetriebliche — Sozialpolitik erstreckt. Jedenfalls ist es durchaus konsequent, wenn Winschuh seine ursprüngliche Bezeichnung „Werkspolitik" beibehält.

richtete Sozialpolitik, d. h. als die Gesamtheit der Bestrebungen und Maßnahmen, welche eine Ordnung des Zusammenlebens (betriebssoziale Ordnungspolitik) oder die Wohlfahrt (betriebssoziale Wohlfahrtspolitik) der in Betrieben tätigen Menschen in den Betrieben selbst oder in der Betriebsumwelt oder in ihrem außerbetrieblichen Dasein vom Betrieb aus oder durch den Betrieb zu erreichen suchen.

Dieser Begriff zeigt, daß es zwei Grundarten betrieblicher Sozialpolitik gibt, die stets zu unterscheiden sind: 1. die vom Betrieb ausgehende und in eigener Bestimmung vom Betrieb aus bewirkte Sozialpolitik, die autonom-betriebliche Sozialpolitik[2]; 2. die von Sozialgebilden außerhalb des Betriebes angestrebte, zugestandene oder erzwungene — wenn auch durch den Betrieb verwirklichte — Beeinflussung der menschlichen und menschlich-relevaten Verhältnisse des Betriebes und seiner Umwelt, die betrieblich fremdbestimmte oder heteronom-betriebliche Sozialpolitik.

Aus den Erscheinungsformen der Bestrebungen und Maßnahmen heteronom-betrieblicher Sozialpolitik wurden bereits die staatliche betriebliche Sozialpolitik und die arbeitgeberverbandliche wie die gewerkschaftliche betriebliche Sozialpolitik erwähnt. Über sie sind an dieser Stelle nur einige Hinweise möglich. Die betriebliche Sozialpolitik der Staaten erstrebt vorzüglich die Ordnung des Zusammenlebens (Beispiel: Betriebsrätegesetze) und das Wohl der Betriebsglieder (Beispiel: Arbeiterschutzgesetze), erstreckt sich in einem bescheidenen Maße jedoch auch auf das Wohl der in der räumlichen Umwelt der Betriebe Lebenden, die vor gesundheitlicher Schädigung infolge des Betriebsganges bewahrt werden sollen; ja, sie erstrebt zuweilen sogar durch den Betrieb eine gewisse Wohlfahrt von Betriebsfremden, indem sie durch gesetzliche Bestimmungen Anlaß zu Neueinstellungen gibt — eine Wohlfahrt insofern, als entsprechende Arbeitsgelegenheit für jeden Menschen eine Wohlfahrt bedeutet —. Im übrigen gehen die Maßnahmen staatlich-betrieblicher Sozialpolitik heutigentags gelegentlich recht weit, wie

---

[2] Thalheim, „Sozialkritik und Sozialreform", S. 6, schreibt über „betriebliche oder autonome Sozialpolitik" und behandelt S. 9 ff. die betriebseigene Sozialpolitik schlechtweg als „autonome Sozialpolitik". Das ist nicht zulässig, da auch andere Sozialgebilde als der Betrieb eine autonome Sozialpolitik verfolgen können, die keine betriebliche Sozialpolitik zu sein braucht, wenn man den Begriff „Betrieb" nicht zu sehr dehnt.

III. Begriff, Wesen und Aufgabe der betrieblichen Sozialpolitik. 57

das im Juni 1933 erlassene deutsche Gesetz gegen die Verwendung von Maschinen in der Zigarrenindustrie beispielsweise zeigt. Die deutschen Arbeitgeberverbände und ihre Vertreter, die wie die Gewerkschaften in den vergangenen Jahrzehnten nur gelegentlich zu einzelnen sozialen Betriebsproblemen Stellung nahmen und keine eigentliche betriebliche Sozialpolitik entwickelten, haben sich seit Beginn der Klärung um die betriebliche Sozialpolitik — das ist seit etwa 1930 — lebhaft für die Verbreitung und den Ausbau der autonom-betrieblichen Sozialpolitik eingesetzt. Hierbei hat zweifelsfrei die Ansicht, den sozialpolitischen Druck der Gewerkschaften zu mildern, gelegentlich eine Rolle gespielt. In der Hauptsache jedoch dürfte die bejahende und fördernde Haltung begründet liegen in der stets weitere Kreise erfassenden Erkenntnis, daß die Bemühungen um den Menschen im Betrieb und in seiner Freizeit eine hohe wirtschaftliche, aber auch eine soziale und sozial-ethische Bedeutung haben. Diese Überzeugung wuchs auch bei den christlichen Gewerkschaften, welche sich stets für die Arbeitsgemeinschaft der im Unternehmen Zusammenwirkenden einsetzten und jede entsprechende Äußerung von den Unternehmern lebhaft aufgriffen; seit etwa 1931 schenkten sie den sozialen Betriebsproblemen beispielsweise in ihren Zeitschriften eine stärkere Aufmerksamkeit als bisher und bejahten nach anfänglichem Zögern die betriebliche Sozialpolitik nicht nur mit zustimmenden Worten, sondern auch mit Anregungen[3]. Im Gegensatz zu ihnen haben die freien Gewerkschaften infolge ihrer klassenkämpferischen Haltung sich nicht nur jahrzehntelang gegen die sogenannten Industriewohlfahrtseinrichtungen gewandt, sondern auch innerhalb der in Deutschland aufkommenden Diskussionen um die betriebliche Sozialpolitik ein Mißtrauen und einen Widerwillen gezeigt, der bis zur Bekämpfung der wissenschaftlichen Vertreter als „falsche Propheten" und „Faschisten" ging. Erst kurz vor ihrem Ende machten sich bei einzelnen der Weitsichtigeren die Anzeichen einer Wendung zur Bejahung der autonom-

---

[3] Das Verdienst, selbst in den Zeiten marxistischer Hochflut an der Idee der Arbeitsgemeinschaft innerhalb und außerhalb des Betriebes festgehalten zu haben, verlangt eine ehrende Erinnerung an Adam Stegerwald, den seinerzeitigen Führer der christlichen Gewerkschaften. Selbst der radikale Heinrich Imbusch erklärte 1926: „Trotz aller Erfahrungen sind wir für eine Arbeitsgemeinschaft mit den Unternehmern... Der Gedanke der Zusammenarbeit wird und muß sich durchsetzen." Vor allem auch Georg Wieber, der Führer des christlichen Metallarbeiterverbandes, betonte immer wieder: „Aus den Betrieben muß eine Arbeitsgemeinschaft herauswachsen,

betrieblichen Sozialpolitik bemerkbar[4]. Im neuen Deutschland haben der nationalsozialistische Staat und die Deutsche Arbeitsfront noch keine ausdrückliche Stellung zur betrieblichen Sozialpolitik genommen, aber ihre grundsätzliche Haltung im wesentlichen erkennen lassen. Aus dem nationalsozialistischen Führerprinzip und Volksgemeinschafts= prinzip ergeben sich mittelbar ihre allgemeinen Prinzipien der betriebs= sozialen Ordnungspolitik wie der betriebssozialen Wohlfahrtspolitik. „Verantwortlich für den Betrieb ist der Leiter und nicht die Mehrheit der Betriebszelle", erklärte Ministerpräsident Göring am 18. Mai 1933 im Preußischen Landtag. Dr. Ley betonte vor einer Versammlung der NSBO. Ende Juli 1933 in Dortmund, daß das wertvollste Kapital, welches ein Betrieb habe, nicht durch die Maschinen und das Geld, sondern durch die Arbeitsmenschen dargestellt werde; und in einem Korrespondenzartikel schrieb er kurz vorher, daß dem Unternehmer mit der Gewährung der vollen Führung auch die volle Verantwortung aufgeladen werde, die den deutschen Arbeiter mit dem höchstmöglichen Schutz auszustatten habe. Eine Kundgebung von Dr. Ley aus Anlaß der Eingliederung des „Dinta" in die Deutsche Arbeitsfront bringt die Notwendigkeit zum Ausdruck, den Betrieb zu einer organischen Gemeinschaft werden zu lassen, indem die betriebliche Zusammenarbeit eine Ordnung nach den Grundsätzen der Volksgemeinschaft erfährt, und zwar sowohl im Interesse der Volksgemeinschaft als im Interesse der Verbesserung des wirtschaftlichen Wirkungsgrades. Der Kern dieser Hin= weise hat einen Niederschlag gefunden im Gesetz zur Ordnung der natio= nalen Arbeit vom 20. Januar 1934, das die betriebliche Sozialpolitik

---

oder sie bleibt immer unfruchtbar." „Aber es kommt wesentlich darauf an, weniger durch Paragraphen als durch innere Klammern miteinander ver= bunden zu sein." Vgl. überhaupt die fortgesetzten Ausführungen der letzten Jahrgänge der Wochenschrift des christlichen Metallarbeiterverbandes, „Der Deutsche Metallarbeiter", zu sozialen Betriebsfragen, ferner beispielsweise „Der Bergbauangestellte", Oktober und November 1932, mit dem höchst be= achtlichen Artikel von Herwegen: „Die neue Form der Bergbauwirtschaft muß von der Arbeit ausgehen"; „Der Deutsche Werkmeister" vom 10. Januar 1933, Artikel „Der gute Geist im Betrieb: Ein Weg zum Betriebserfolg".

[4] Vgl. an literarischen Unterlagen zu dem hier Gesagten die Angaben oben S. 34 bei Hinweis auf die durch das Institut für Betriebssoziologie angeregte Diskussion zur betrieblichen Sozialpolitik. — Als amerikanische Äußerung gegen die betriebliche Sozialpolitik vgl. R. W. Dunn: „The Americanization of labor. The employers' offensive against the trade unions". New York o. J. (1927).

III. Begriff, Wesen und Aufgabe der betrieblichen Sozialpolitik.

zu einem mitentscheidend konstitutiven Element der künftigen deutschen Sozialpolitik überhaupt macht.

Ist es nun aber gerechtfertigt, auch dort noch von betrieblicher Sozialpolitik zu sprechen, wo — wie dies nicht wenige Unternehmensleiter tun — die sozialen Ziele nur erstrebt werden um des ausschließlichen oder vorwiegenden betriebswirtschaftlichen Erfolges willen? Erwägungen zur Beantwortung dieser Frage führen zu einer weiteren Klärung des Begriffs und damit des Wesens der betrieblichen Sozialpolitik. L. Preller hat — in den eingangs erwähnten Ausführungen — bemerkt, daß Sozialpolitik mehr ist „als nur die bewußte Einwirkung auf das Zusammenleben der Menschen in einem sozialen Gebilde", da sie „durch ihren Bestandteil ‚Politik' zugleich die Forderung einer bestimmten Zweckrichtung dieser Maßnahmen" enthält, weshalb nur solche betriebliche Maßnahmen sozialpolitisch genannt werden können, welche „über das Privatinteresse des Einzelunternehmers hinaus ... irgendeine Benachteiligung einer Menschengruppe, in diesem Falle der Arbeitnehmer, aufhebt oder mildert". Dem ist entgegenzuhalten einmal, daß gerade auf sozialpolitischem Gebiet manches geschieht, was weder einen Ausfluß klar bewußten Zweckstrebens noch ein Glied eines umfassenden Bemühens darstellt, sondern daß es unmöglich ist, die Anerkennung von Maßnahmen als sozialpolitisch davon abhängig zu machen, ob sie Gutes oder Nützliches erstreben oder gar — was trotz des besten Strebens aus irgendwelchen Gründen versagt sein mag — erreichen. Denn es gibt auch schlechte und schädliche Sozialpolitik trotz einer möglichen guten Meinung und Absicht; und der Erfolg kann ebenso durch die Verkehrtheit der Mittel wie durch außerhalb des Bereichs sozialpolitischer Erwägungen oder Möglichkeiten liegende Tatsachen verhindert werden. Gewiß verleiht eine verschiedenartige Motivierung den sozialpolitischen Bestrebungen und ihren Ergebnissen eine verschiedenartige Färbung. Aber damit Maßnahmen die Eigenschaft „sozialpolitisch" besitzen, genügt, daß soziale Verhältnisse — die Ordnung des Zusammenlebens oder die Wohlfahrt von Menschen — beeinflußt werden oder werden sollen, ungeachtet, ob zum Guten oder zum Schlechten und ganz gleich aus welchen Motiven, ganz gleich, ob als Endzweck oder als Mittelzweck.

Eine Nachprüfung der Tatsachen autonom-betrieblicher Sozialpolitik zeigt nun deutlich, daß sozialpolitische Maßnahmen vom Betrieb aus einmal allein oder vorzüglich um des sozialpolitischen Endzwecks willen, sodann aber auch allein oder vorzüglich um des betriebswirtschaftlichen Erfolges willen als Mittelzweck getroffen werden. So wurde Anfang Mai 1933 den verheirateten Arbeiterinnen und weiblichen Angestellten der Robert Bosch A.-G. in Stuttgart und Feuerbach, sofern ihre Männer irgendwo in Arbeit standen, seitens der Unternehmensleitung nahegelegt, mit Rücksicht auf die große Zahl der Arbeitslosen freiwillig ihr Ausscheiden ins Auge zu fassen bzw. anzugeben, bis zu welchem Zeitpunkt sie einem Arbeitslosen Platz machen wollten, um der Leitung das Aussprechen der Kündigung zu ersparen; das Ergebnis war die Möglichkeit, 400 Arbeitsplätze bisherigen Arbeitslosen einzuräumen. Zum Zwecke der Rückführung weiblicher Arbeitskräfte aus dem Berufsleben entschloß sich Mitte Juli 1933 die Zigarettenfirma Reemtsma in Altona-Bahrenfeld im Sinne des Reichsgesetzes zur Verminderung der Arbeitslosigkeit vom 1. Juni 1933, jedem weiblichen Arbeitnehmer, der wenigstens ein Jahr in den Diensten der Firma steht und bis Ende Dezember 1933 heiratet, eine Ausstattungshilfe in Form eines Bargeschenks von 600 RM. zur Verfügung zu stellen; die freiwerdenden Plätze sollten, soweit technisch möglich, durch Arbeiter besetzt werden. In den Vereinigten Staaten von Amerika gewähren eine Reihe von Unternehmen an ausscheidende Arbeiter, die zu dem Austritt keinen Anlaß gaben, den sogenannten „dismissal wage", einen besonderen Entlassungslohn[5]; und in Frankreich gab es bis zu der 1932 erfolgten gesetzlichen Regelung für Arbeiter freiwillige Familienlohnzulagen, welche durch — von Unternehmern kollektiv getragene — private Ausgleichskassen vergütet wurden[6]. Diese Beispiele zeigen betriebssozialpolitische Maßnahmen, welche für die Betriebszwecke weder notwendig noch unmittelbar nützlich sind und zweifelsfrei dem Unternehmen zunächst etwas kosten, ohne die Wahrscheinlichkeit irgendeines späteren Entgelts zu umschließen. Beispiele für am Betriebserfolg orientierte sozialpolitische Maßnahmen bieten unter anderem Geldprämien für die Ausschaltung von Vergeudung und Stücklöhne.

Hiernach läßt sich der oben umschriebene Begriff bezüglich der autonom-betrieblichen Sozialpolitik als Begriff der betrieblichen So-

---

[5] Vgl. hierüber beispielsweise „The dismissal wage". In: „The Service Letter on Industrial Relations", 30. Oktober 1931.

[6] Vgl. beispielsweise G. Bonvoisin u. G. Maignan: „Allocations familiales et caisses de compensation". Paris 1930.

zialpolitik im weiteren Sinne bezeichnen, dem sich zwei Unterbegriffe für die beiden verschiedenen Arten autonom-betrieblicher Sozialpolitik anfügen. Werden die Bestrebungen und Maßnahmen betrieblicher Sozialpolitik allein oder vorzüglich um des sozialpolitischen Endzwecks willen bestimmt, so liegt betriebliche Sozialpolitik im engeren Sinne vor; werden sie jedoch allein oder vorzüglich als Mittelszweck um des betriebswirtschaftlichen Erfolges willen gesetzt, so liegt soziale Betriebspolitik vor. Wenngleich es sprachlich durchaus gerechtfertigt erscheint, alle sozialen Maßnahmen vom Betrieb aus als Angelegenheiten einer sozialen Betriebspolitik zu bezeichnen — wie es bislang häufig geschah —, so dürfte doch eine Einigung über das Begriffskleid leicht möglich sein; ist doch der Wortgestalt nach betriebliche Sozialpolitik im engeren Sinne zunächst Sozialpolitik und soziale Betriebspolitik zunächst Betriebspolitik, eben Betriebspolitik bezüglich des sozialen Produktionselements, Produktionspolitik durch soziale Mittel, wie es auch eine Betriebspolitik hinsichtlich der technischen und wirtschaftlichen Faktoren gibt. Grundlegend für die Zurechnung zu einer der beiden Arten betrieblicher Sozialpolitik (im weiteren Sinne) ist stets die vorwaltende Intention: einmal der Sozialzweck, hinter den allerdings auch Betriebszwecke treten können; sodann der privatwirtschaftliche Betriebszweck — oder bei einem Technik- oder Qualitätsfanatiker der technische Betriebszweck —, dem sich ein begrüßter sozialer Erfolg anreihen, oder der auch überbetriebliche soziale Bedeutung haben kann. Jedoch dürfte die Zahl der Grenzfälle nicht gering sein. So sicher es ist, daß man zum Betrieb eines Kohlenbergwerks keiner Säuglingspflege bedarf, so sehr möglich ist doch, daß in Gebieten mit beschränktem fremdem Arbeiternachschub — beispielsweise in den reinen oder erheblich vorwiegenden Bergarbeiterbezirken — Säuglingspflege und Kinderfürsorge an dem Nachwuchs der Arbeitnehmer dem eigenen Betrieb später einmal zugute kommen. Und so zweifelsfrei das Ausbildungswesen industrieller Unternehmungen zunächst sich als eine Maßnahme sozialer Betriebspolitik erweist, so sehr möglich kann es eine Angelegenheit betrieblicher Sozialpolitik im engeren Sinne werden, sofern die Ausgebildeten später nicht im selben Unternehmen tätig sind. Vor allem beim Werkswohnungsbau ist nicht immer klar zu erkennen, ob er zum Vorteil der Arbeitnehmer oder des Unternehmens beabsichtigt und erhalten wurde. Dennoch dürfte die Klarstellung des grundsätzlichen Unterschiedes von betrieblicher Sozialpolitik im engeren Sinne und sozialer Betriebspolitik bei der autonom=betrieblichen Sozialpolitik im weiteren Sinne wesentlich sein[7].

Die Bedeutung dieses Unterschiedes ist von Wichtigkeit für das Verhältnis der staatlichen und der autonom=betrieblichen Sozialpolitik. Es liegt auf der Hand, daß der Staat im allgemeinen eine betriebliche Sozialpolitik im engeren Sinne nur begrüßen kann, weil sie entweder an einer von ihm nicht erfaßten Stelle sorgt, oder weil sie seine Maßnahmen ergänzt, oder weil sie ihm ein Eingreifen erspart. Wenn sie auch zuweilen solcherart oder solchermaßen den sozialen Erfordernissen oder den staatlichen Wünschen entgegen sein kann, daß ein hinderndes oder verneinendes Eingreifen des Staates notwendig wird, so liegt diese Notwendigkeit bei der sozialen Betriebspolitik weit näher, eben weil der Betriebszweck häufig vor dem Menschen steht und ihn nicht hinlänglich berücksichtigt. Hat die autonom=betriebliche Sozialpolitik im engeren Sinne das 19. Jahrhundert hindurch — also zur Zeit der schwach entwickelten staatlichen Sozialpolitik — und bis zur Gegenwart manches Wohltätige für die Arbeitnehmer bewirkt und ist in vielem Vorläufer für die staatliche Sozialpolitik geworden, so ist die soziale Betriebspolitik in der Vergangenheit zu einem der Hauptausgangspunkte der großen sozialen Unruhe geworden. An sich ist soziale Betriebspolitik weder gut noch schlecht; gut oder schlecht wird sie erst durch die jeweilig konkrete Maßnahme unter konkreten Umständen. In jedem Fall aber ist schlechte soziale Betriebspolitik schlechte allgemeine Sozialpolitik. Die Haltung des Staates zur sozialen Betriebspolitik wie zur autonom=betrieblichen Sozialpolitik überhaupt muß demgemäß davon abhängen, ob und inwieweit diese in ihren beiden Zweigen gesellschaftsfördernd und gesellschaftsschädigend ist. Eine auf physische und geistige Menschenökonomie und eine auf Zusammenarbeit in Betrieb und Gesellschaft gerichtete menschenökonomische oder kooperative autonom=betriebliche Sozialpolitik kann vom Staat nur begrüßt, ja, muß von ihm sogar gefordert werden, um so mehr, wenn ein innerer Ausgleich von betrieblicher Sozialpolitik und sozialer Betriebs=

---

[7] Die von mir seit 1930 gemachte Unterscheidung von betrieblicher Sozialpolitik und sozialer Betriebspolitik ist inzwischen vom Kreis der Mitarbeiter des Instituts für Betriebssoziologie grundsätzlich angenommen worden. Auch Ernst Michel hat in seiner angegebenen Schrift dieser Unterscheidung als wesentlich zugestimmt.

politik versucht wird mit der Absicht, privatwirtschaftliche Zwecke und gesellschaftliche Ziele in bestmöglichen Einklang zu bringen. Geschieht dies — und die Absicht muß zunächst unterstellt werden —, so kann der Staat ohne Hemmnisse der Tatsache entsprechen, daß die von ihm beherrschte Gesellschaft ein stark gegliedertes Ganzes mit relativem Eigenleben der Glieder ist, in deren Interesse sowohl als im Staatsinteresse es liegt, wenn solche für das Gesellschaftsleben bedeutende Sozialgebilde wie die Industriebetriebe durch eine autonom-betriebliche Sozialpolitik eine ihnen nach ihrer Stellung im sozialen Körper angemessene Aufgabe zu erfüllen suchen.

Wenn es auch im sozialen Körper eine Reihe von Sozialgebilden gibt, die zu seiner Gesunderhaltung und zu seinem Fortschritt soziale Maßnahmen treffen müssen, so ist doch das Industriewerk oder der Industriebetrieb in besonderer Weise zu einer sozialgebildlichen, einer autonom-betrieblichen Sozialpolitik prädestiniert — wie ich bereits einmal schrieb[8] —: „Der Betrieb ist zunächst als Arbeitsraum ein beträchtlicher Teil der Lebenswelt der in der Industrie Tätigen, der seine nur zu oft schwer drückenden Strahlen in die scheinbar freie Welt außerhalb des Betriebes sendet. Nächst der Familie ergreift zumeist kein soziales Gebilde den arbeitenden Menschen so stark wie der Betrieb. Da nun gerade von derjenigen Welt aus, die für eine Zahl von Menschen am unmittelbarsten ist, ein Einfluß auf die Ordnung und das Wohlergehen dieser Menschen am ehesten möglich erscheint, kann eine betriebliche Sozialpolitik als eine wertvolle Ergänzung der staatlichen Sozialpolitik gelten. Der Betrieb ist sodann aber auch ein Ausgangspunkt gesellschaftsgefährdender Zustände. Wenngleich der Herkunftsort jener als ‚soziale Unruhe‘ charakterisierten Erscheinungen zweifellos nicht ausschließlich in den Betrieben gesucht werden darf, so doch sicherlich in beträchtlichem Maße. Aus der Arbeit im Betrieb erhält der Arbeiter und der Angestellte die Mittel zur Lebenshaltung, die nur allzuoft reichlich knapp sind; was Wunder, wenn der Groll sich zunächst rein sachlich gegen den Betrieb wendet und dann, bei der menschlichen Neigung, einen persönlich Schuldigen zu suchen, gegen die Betriebsleitung oder den Unternehmer. Weiterhin ist der Betrieb

---

[8] „Staatliche Sozialpolitik — Gesellschaftspolitik — Betriebliche Sozialpolitik". In: „Soziale Praxis", 8. Januar 1931. Auf diesen und auf den angegebenen Artikel „Autonom-betriebliche Sozialpolitik" wird auch im folgenden wiederholt zurückgekommen.

ein Ort, an dem der dort Tätige eine mehr oder weniger starke Degeneration des physischen und persönlichen Menschen erfahren kann und oft erfährt; das bedeutet eine vom Arbeitenden stark empfundene Verarmung seines Lebens. Und nicht zuletzt bringt der Betrieb als soziales Gebilde Reibungen, Konflikte und Kämpfe, die Gefahr des Entlassenwerdens usw., Dinge, die den Arbeitenden in seiner Seele packen, ihn in seiner Menschenwürde verletzen können und zusammen mit den bereits erwähnten Momenten zu der Unruhe im Leben der einzelnen Arbeiter, zur Unruhe im Betrieb und hernach zur sozialen Unruhe außerhalb der Betriebe führen."

Es bleibt jedoch zu klären, ob den Unternehmungen hinreichende Möglichkeiten zur Verfügung stehen, um den sich aus der Stellung der autonom-betrieblichen Sozialpolitik im Gesamtbereich der Sozialpolitik ergebenden Aufgaben gerecht zu werden. Hierzu wiederum fragt es sich, welche Aufgaben der autonom-betrieblichen Sozialpolitik zu erfüllen obliegen und welcher Mittel sie sich bedienen kann.

Bezüglich der Reichweite ihres Aufgabenkreises bestehen voneinander abweichende Auffassungen. Mit Emile Cheysson[9] lassen sich zwei Modalitäten der „action sociale du patron" annehmen, die amerikanische und die französische Auffassung. Nach der amerikanischen Auffassung hat sich die autonom-betriebliche Sozialpolitik auf den Raum des Betriebes und die betriebliche Arbeitszeit zu beschränken. Der französischen Auffassung zufolge ist es dagegen ihre Aufgabe, sich bis zum Familienherde des Arbeitnehmers auszudehnen und selbst dem Familienleben Schutz angedeihen zu lassen. Nach unserer derzeitigen Industrie- und Sozialsituation muß es als angebracht erscheinen, daß die betriebliche Sozialpolitik sich zwar nicht gänzlich auf den Betrieb beschränkt, sich jedoch in erster Linie auf die Verhältnisse des Betriebes richtet.

Die Betriebsverhältnisse, auf die sich die zu erfüllenden Aufgaben der autonom-betrieblichen Sozialpolitik beziehen, lassen sich, je nachdem ob die Strukturen des Betriebes oder die menschlichen Verhältnisse ins Auge gefaßt werden, verschiedenartig gliedern.

Vom Standpunkt der Betriebsstruktur erstrecken sich die betriebssozialpolitischen Maßnahmen 1. auf die betriebliche Sachverfassung,

---

[9] „L'action sociale de la femme dans l'industrie". In: „La Réforme Sociale", 6. Serie, 4. Bd. (1907). S. 482.

d. h. die Ordnung der produktionstechnischen Elemente, 2. auf die betriebliche Arbeitsverfassung, d. h. die Ordnung der produktionsorganisatorischen Umstände, der geteilten Arbeit zur Einheit, 3. auf die betriebliche Personalverfassung sowie die betrieblichen sozialen Prozesse und Beziehungen, d. h. die Menschenordnung und den Menschenverkehr im Betrieb. Die Maßnahmen bezüglich der Sachverfassung beschränken sich nicht auf sozialhygienische und unfallverhütende Vorkehrungen, welche die Vermeidung von Gefahren, die dem Leben, der Gesundheit und der Persönlichkeit drohen, bezwecken — und die zum Teil schon durch die staatlich-betriebliche Sozialpolitik zwangsmäßig sind —, sondern erstrecken sich auf alle irgendwie in ihren Folgen für die Arbeitenden bedeutsamen Gestaltungen des sachlichen Betriebsapparats und des Betriebsraumes, sei es, daß durch sie das Arbeitstempo vorgeschrieben, die Arbeitsart verändert, der Arbeiter von körperlicher Arbeit entlastet wird, oder sei es gar, daß die Maschine an die Stelle des Arbeiters tritt, sei es, daß der Arbeitsraum nicht nur nach technischen, sondern auch nach ästhetischen Gesichtspunkten gestaltet ist, die ihm seine strenge Sachlichkeit oder gar kalte Häßlichkeit nehmen und eine gewisse Freundlichkeit verleihen. In enger Verflochtenheit sowohl mit der Sach- als auch der Personalverfassung stehen die Maßnahmen, welche die Gestaltung der Arbeitsverfassung betreffen. Auch sie kann in verschiedener Weise das Arbeitstempo, die Arbeitsart usw. bestimmen, kann durch besondere Organisationsformen, wie zum Beispiel die Gruppenfabrikation, neue soziale Verhältnisse schaffen und kann die Arbeitsverhältnisse klären und erleichtern, was ein Beispiel erläutern mag. Wenn, wie dies bei den Borsig-Werken zu Berlin geschah, dem Arbeiter neben der Akkordkarte noch eine Arbeitskarte ausgehändigt wird, die auf der einen Seite eine bis ins einzelne gehende Arbeitsanweisung und auf der anderen Seite eine Angabe der für jeden einzelnen Teilvorgang der Arbeit angenommenen Zeit enthält, so ist damit, wenn eine Ausführung nicht in Übereinstimmung mit der Bemessung erfolgen kann, eine nachweisbar begründete Arbeitsgangbeanstandung seitens des Arbeiters möglich, mit deren sachgemäßer Erledigung sowohl dem Arbeiter ein gerechter Akkordlohn als auch die Beseitigung mancher Unzufriedenheit, nicht weniger Reibungen und Konflikte im Betrieb geboten wird. Auch arbeitsorganisatorische Maßnahmen betrieblicher Sozialpolitik, die in das Gebiet der Personalverfassung hinüberführen und bereits eine wesentliche Wandlung der

Personalverfassung bedeuten, sind nachweisbar. So haben die Versuche, den Arbeiter als Mit-Unternehmer oder Unter-Unternehmer in den Betrieb einzuspannen, zu gewissen Betriebsverselbständigungen — oder, wie man auch sagt, zur Werkstättenselbstverwaltung — geführt, beispielsweise bei der tschechischen Schuhfabrik Bat'a und in der französischen Arbeitskommandite (commandite en travail). Im allgemeinen können die Maßnahmen bezüglich der Personalverfassung einerseits die Aufrechterhaltung des Arbeitsverhältnisses als Herrschaftsverhältnis mehr oder weniger absolutistischer Art erstreben, andererseits irgendeine Vergenossenschaftlichung des Arbeitsverhältnisses beabsichtigen, etwa durch Einrichtung von Arbeitervertretungen oder durch die Einräumung irgendeiner beschränkten Mitbestimmung der Arbeiter im Betrieb. Weiterhin sind alsdann noch zu nennen alle diejenigen Maßnahmen, welche die Personalverhältnisse des Betriebes angehen, vor allem die Einstellung und die Entlassung sowie den Verkehr der Menschen miteinander im Betrieb.

Vom Gesichtspunkt der menschlichen Verhältnisse können die betriebssozialpolitischen Maßnahmen sich erstrecken einmal auf die Beziehungen von Mensch zu Mensch, sodann auf die Beziehungen der Arbeitnehmer zu ihrer Arbeit sowie zu ihrem Betrieb. Hierbei kommen dieselben Mittel in Betracht, welche den Aufgaben hinsichtlich der dreigliedrigen Betriebsverfassung gerecht zu werden suchen.

Bezüglich der Art dieser Mittel gibt es drei Grundmöglichkeiten. Die Bemühungen können sich zunächst mehr äußerer Einrichtungen, alsdann mehr ideeller Handhaben, schließlich einer Vereinigung beider bedienen. Äußere Einrichtungen sind insbesondere bei Gestaltung der Sachverfassung angebracht — beispielsweise Gas- oder Dampfabsaugung, Unfallschutzvorrichtungen an Maschinen oder gar speziell konstruierte Maschinen —, um die Gefahren, die dem Leben, der Gesundheit und der Persönlichkeit der Arbeitnehmer drohen, auf ein möglichst geringes Maß herabzuschrauben; daneben treten die zumeist als Wohlfahrtseinrichtungen bezeichneten Vorkehrungen. Ideelle Handhaben kommen vor allem bei Gestaltung des Menschenverkehrs in Betracht, indem ein Hinwirken erfolgt auf gute oder wenigstens befriedigende menschliche Beziehungen und auf einen freundlichen, taktvollen, möglichst reibungslosen Menschenumgang. Eine Vereinigung von äußeren Einrichtungen und ideellen Handhaben empfiehlt sich unter anderem bei der Arbeitsverfassung, um sowohl die sachliche Arbeit, als das persönliche Zusammenwirken zu beeinflussen; sie findet sich aber auch sonst, beispielsweise bei dem Versuch, etwa Werkszeitungen oder sonstige betriebliche Einrichtungen als Mittel zu benutzen, eine innere Verbundenheit mit dem Betrieb herbeizuführen.

Die Natur der Mittel zur Erreichung der besonderen Aufgaben jeder autonom-betrieblichen Sozialpolitik verweist auf die Grenzen, die ihrer Verwirklichung gesetzt sind. Selbst bei richtiger Bestimmung der Ziele und Mittel können Umstände materieller oder ideeller Art, technischer, wirtschaftlicher oder personaler bzw. sozialer Natur die Erreichung des Gewollten verhindern. Fehlen gewisse technische Gestaltungsmöglichkeiten, so sind Mängel vor allem der Sachverfassung, aber auch der Arbeitsverfassung, oft nicht zu vermeiden. Die wirtschaftlich bedingte Knappheit der einzelnen Unternehmen zur Verfügung stehenden Kapitalien verwehrt manchem mittleren und selbst manchem größeren Unternehmen diejenigen Maßnahmen und Einrichtungen, die als angebracht, notwendig oder nützlich gern getroffen würden, ja, sie behindert zuweilen sogar die Benutzung oder Wirksamkeit ideeller Handhaben durch Einengung des freien geistigen, persönlichen und sozialen Lebensraumes. Aber auch wo der letztere vorhanden ist, sind den ideellen Handhaben Grenzen der Wirksamkeit gesetzt durch die im Menschsein liegende Beschränkung der menschlichen Handlungsgeschicklichkeit und des menschlichen Seins, insbesondere der menschlichen Fähigkeiten. Der beschränkte Weitblick der Menschen läßt nur zu oft weder die ferneren Ziele noch die Nah- und Mittelsziele im Lichte des Fernzieles mit Klarheit erkennen. Da die autonom-betriebliche Sozialpolitik zunächst und vorzüglich eine Angelegenheit der unternehmerischen Persönlichkeiten ist, so liegt in der Eigenart der Unternehmerwie in deren Mensch-Persönlichkeit eine sehr wichtige Grenze sowohl der Zielsetzung als des Zielstrebens und des sozial Erreichbaren. Auf der anderen Seite bietet die beschränkte Möglichkeit, den Arbeitnehmern Verständnis, Überzeugung, Anerkennung und Teilnahme an den betriebssozialpolitischen Bestrebungen beizubringen, ebenfalls eine beachtliche Grenze des Wirksamwerdens von Maßnahmen betrieblicher Sozialpolitik, was im Interesse einer guten betrieblichen Sozialpolitik zu bedauern, im Interesse einer schlechten betrieblichen Sozialpolitik zu begrüßen ist.

Von nicht zu unterschätzender Bedeutung für den Erfolg oder die Zielerreichung der betrieblichen Sozialpolitik sind die Motive zu ihrer

Pflege. Diese Motive haben zu verschiedenen Zeiten einen verschiedenen Charakter gehabt. Zu Beginn der modernen Fabrikindustrie erhob sich — wie in anderem Zusammenhang bereits gezeigt — neben dem altüberkommenen patriarchalischen Motiv das liberale Motiv, und das 19. Jahrhundert zeigt wie das 20. Jahrhundert sowohl eine Reihe von Mischformen beider — beispielsweise das liberal-humanitäre Motiv (etwa bei W. Oechelhaeuser) —, als von typischen Ausprägungen der ersten Motive — wie beispielsweise das patriarchalisch-christliche Motiv (auf katholischer Seite etwa bei Léon Harmel und auf evangelischer Seite etwa bei Johann Quistorp) und das liberal-ökonomische Motiv (etwa bei Henry Ford) —. Nicht selten schwanken auch die Motive zwischen dem egoistischen und dem sozialen Pol, wie Winschuh sagt: Es findet eine Verquickung statt, die sich auch in dem Charakter der werkspolitischen Einrichtungen und Maßnahmen sowie in deren Wirkung deutlich offenbart, und zwar derart, „daß gewöhnlich ein direkter, sei es wirtschaftlicher, sei es kultureller Vorteil für die Werksangehörigen herausspringt, der aber als Reaktion einen indirekten, weil psychologischen Gewinn für die Verwaltung des Werkes im Gefolge hat. Dieser Gewinn äußert sich vor allem in größerer Arbeitsfreudigkeit, Hebung des Korpsgeistes, gesteigerter Anhänglichkeit an die Arbeitsstätte, Beseitigung oder Abschwächung von Reibungen, Befriedigung unruhiger Ansprüche usw.[10]. Aber weder die spezifisch religiösen, noch die sozial-ethischen, noch die ökonomischen Motive bedeuten an sich die Wahrscheinlichkeit eines Erfolges oder die Erweiterung der Wirkungsgrenzen der autonom-betrieblichen Sozialpolitik; das zeigt beispielsweise der Mißerfolg der paternalistisch orientierten betrieblichen Sozialpolitik des Steinkohlenbergwerk-Unternehmens von Montceau-les-Mines[11] gegen die letzte Jahrhundertwende. Die Wirksamkeit jeder betrieblichen Sozialpolitik hängt insbesondere ab von der seelischen Atmosphäre, in deren Bereich sie einsetzt, sowie von der Art der Durchführung ihrer Maßnahmen. Nicht einmal die Tatsache, daß das subjektiv motiviert Gewollte einer objektiv berechtigten betrieblichen Sozialpolitik sehr nahe kommt oder sich mit ihr deckt, ver-

---

[10] J. Winschuh: „Praktische Werkspolitik". Berlin 1923. S. 9.
[11] Vgl. Léon Laroche: „Montceau-les-Mines, Quelques aperçus sur l'histoire de la ville et de son exploitation houillère, Montceau-les-Mines". (Impr. Ouvrière.) 1924. „Les crises ouvrières à Montceau-les-Mines". In: „La Réforme Sociale", 21. Jahrg. (1901), 5. Serie, Bd. 1, S. 780—819.

III. Begriff, Wesen und Aufgabe der betrieblichen Sozialpolitik.

bürgt den Erfolg. Das Angestrebte wird um so eher erreicht, je mehr die Betroffenen es bejahen und zustimmend mitwirken. Immerhin muß stets — wenn auch unter Berücksichtigung der seelischen und geistigen Lage — das objektiv Berechtigte oder Erforderliche angestrebt werden, um eine autonom-betriebliche Sozialpolitik, die sozial förderlich, also wertvoll ist, wirksam zu machen. Denn eine solche Sozialpolitik hat eine objektive Aufgabe zu erfüllen, welche ihr Existenzberechtigung verleiht. Je nach dem Standpunkt, den man zum Sinn des Lebens einnimmt, wird man diese Aufgabe als eine sittliche oder als eine realistisch-positive oder als eine sittlich getragene realistisch-positive bezeichnen bzw. motivieren können. So läßt sich mit sittlicher Begründung etwa sagen: Alle betriebliche Ordnungs- und Wohlfahrtspolitik (im oben umschriebenen Sinne) hat zu erfolgen, weil nur durch eine gute Ordnung des Zusammenlebens dieses personal, sozial und sachlich wertvoll und fördernd wird, weil das Leben der in der Industrie Tätigen durch die Betriebsverhältnisse eingeengt, in manchem ungünstig beeinflußt wird und eine sittliche Pflicht zur Förderung und Wiedergutmachung besteht, die in erster Linie von den Betriebsverantwortlichen zu erfüllen ist. Entsprechend läßt sich mit realistisch-positiver Begründung etwa sagen: Alle betriebliche Ordnungspolitik ist notwendig, weil der im Zusammenleben von Menschen sich stets zeigende Widerstreit von Individualprinzip, Sozialprinzip und sachlicher Gebundenheit der Menschen eines Ausgleichs bedarf, der das Funktionieren des Zusammenlebens ordnet, sowie in dem Zusammenwirken eine erfolgreiche Arbeit ermöglicht und sichert, daher im wohlverstandenen Interesse aller Beteiligten liegt. Zweckdienlich erfolgt dieser Ausgleich in dem Raum, wo der Widerstreit sich offenbart, und durch die Menschen, welche den Betrieb als Unternehmen führen. Jede Pflege der Wohlfahrt der Betriebsbeteiligten stärkt dazu die gesunde menschliche Grundlage der Produktion. Die dritte Einstellung gestattet die Begründung: Alle betriebliche Sozialpolitik ist, insofern sie überhaupt Berechtigung hat, sittliches Streben, das von der die Erde beherrschenden Idee der Sittlichkeit verlangt wird mit Rücksicht auf die Tatsache, daß eine positive Gestaltung einer bestimmten Lebenssphäre sowohl eine Aufgabe der Erfüllung des Lebenssinnes als eine Voraussetzung für den sichtbaren oder greifbaren ideellen und materiellen Erfolg darstellt. Da dieser der zielmäßige Ausgangspunkt des Unternehmers ist, bedeutet die betriebliche Sozialpolitik — obwohl der Er-

III. Begriff, Wesen und Aufgabe der betrieblichen Sozialpolitik.

folg eine Angelegenheit des wohlverstandenen Interesses aller Beteiligten ist — eine Aufgabe, die vorzüglich[12] denen obliegt, welche die sittliche Verantwortung für den Lebensraum Betrieb haben, der Unternehmens- oder der Betriebsleitung. Getragen von der Überzeugung einer sittlichen Pflicht muß die Betriebsleitung unter Berücksichtigung der Einsichten in das soziale Sein Grundsätze des sozialen Seinsollens bezüglich der Ordnung des Zusammenlebens und der Wohlfahrt aller Betriebsbeteiligten aufstellen und zu verwirklichen suchen.

Wenn hiernach nun die autonom-betriebliche Sozialpolitik eine Aufgabe darstellt, die im wesentlichen von jeder Betriebs- oder Unternehmensleitung zu besorgen ist, so könnte doch gefragt werden, ob nicht die eigentliche Aufgabe, der wirtschaftliche Zweck des Betriebes, erfolgreich zu produzieren, von vornherein die Möglichkeiten einer guten Sozial- oder Gesellschaftspolitik vom Betrieb her, einer guten autonom-betrieblichen Sozialpolitik stark einschränkt oder gar ausschließt und bestenfalls nur Raum läßt für soziale Betriebspolitik, d. h. für Maßnahmen, die dem eigentlichen Zweck des Betriebes entsprechen und daher nur betriebliche Wirtschaftspolitik in personaler Hinsicht oder mit sozialen Mitteln bedeuten. Eine solche Frage läßt außer acht, daß der Betrieb oder das Unternehmen kein unabhängiges oder selbstgenügsames Gebilde darstellt. Er ist, wirtschaftlich gesehen, nur ein Glied im volkswirtschaftlichen (und weltwirtschaftlichen) Ganzen, sozial gesehen ein Gebilde, das aus Menschen und um der Menschen willen besteht und daher nur ein Glied in der sozialen Organisation, im sozialen Ganzen ausmacht. Wenn auch der unmittelbare Betriebszweck offensichtlich erfolgreiche Produktion heißt, so ist doch die Produktion an sich und daher erst recht der Betrieb an sich nicht Selbstzweck. Der Betrieb erhält seine wesentliche Bestimmung vom Betriebssinn her und durch die aus ihm sich herleitende eigentliche Betriebsaufgabe. Durch seine Aufgabe, der menschlichen Bedürfnis- und Genußbefriedigung zu dienen, erfüllt er eine hohe Kulturaufgabe und Sozialfunktion.

---

[12] Die betriebliche Sozialpolitik ist vorzüglich, jedoch nicht ausschließlich eine Angelegenheit der Betriebsleitung. Daß auch die Belegschaft sozialpolitische Bestrebungen verfolgen kann, zeigt beispielsweise die Belegschaft der Mansfeldschen Kupferbetriebe, welche Ende August 1933 durch ihren Gesamtbetriebsrat den Beschluß faßte, einer weiteren halben Feierschicht zuzustimmen, um dafür im Laufe des Monats Einstellungsmöglichkeiten für weitere 200 Arbeitskameraden zu schaffen.

III. Begriff, Wesen und Aufgabe der betrieblichen Sozialpolitik.

Die Betriebswirtschaft ist also nur dem Betriebssinn untergeordneter Betriebszweck, daher nur Mittel zur Erfüllung einer sozialen Aufgabe, d. h. sie ist ursprünglich ein Mittel der Sozialpolitik im weitesten Sinne. Auf dem Wege zur Erreichung des Zwecks dieses Mittels — im Wirtschaftsleben des Betriebes ebenso wie der staatlich geeinten Gesellschaft — zeigt sich alsdann wieder die Notwendigkeit sozialpolitischer Maßnahmen, um das menschliche Zusammenleben im Wirtschaftsbereich zu ordnen und um die dem außerwirtschaftlichen Zusammenleben sowohl als der Wohlfahrt vieler einzelner Menschen aus dem Wirtschaftsgang drohenden nachteiligen Folgen auszuschalten oder wenigstens zu mindern. Bedenkt man nunmehr noch, daß ein ansehnlicher Teil sozialpolitischer Maßnahmen sich materieller Mittel in seinem sozialen Streben bedient, so wird eine innere Verwobenheit des Wirtschaftlichen und des Sozialen offenbar, welche die Frage nach einem Primat von Wirtschaftspolitik oder Sozialpolitik voreinander als ein Scheinproblem erkennen läßt. Die Tatsachen des Lebens verlangen ein Ineinanderwirken von Wirtschafts- und Sozialpolitik im gesamten Wirtschaftsleben ebenso wie ein Ineinanderwirken von betrieblicher Wirtschafts- und betrieblicher Sozialpolitik. Obgleich für eine Zeitlang bei einer rein betriebswirtschaftspolitischen Orientierung, welche soziale Notwendigkeiten weitgehend außer acht läßt, die Unternehmung durchaus erfolgreich zu sein vermag, so gefährdet diese doch auf die Dauer sich selbst, zum mindesten mittelbar, wenn sie bei dieser falschen, weil dem Betriebssinn und dem Gliedcharakter des Betriebes nicht entsprechenden, daher einseitigen Betriebspolitik verharrt. Der Betrieb als soziales Gebilde erfaßt Menschen, die gleichzeitig Glieder anderer Sozialgebilde sind, der Familie, der Ortsgemeinde, des Volkes usw. Schädigt man das Glied, so schädigt man das Ganze; beeinträchtigt man das Ganze, so beeinträchtigt man das Glied. Ein Betrieb, der den Menschen im Betrieb eben als Menschen vernachlässigt, schädigt das Staatsganze und alle sozialen Gebilde, denen der im Betrieb Tätige angehört; diese Schädigung wirkt unmittelbar und mittelbar auf die Betriebe zurück. Wenn deshalb eine autonom-betriebliche Sozialpolitik nicht wirkliche Gesellschaftspolitik ist, sondern nur Betriebswirtschaftspolitik durch soziale Mittel, und wenn sie keine gute Sozialpolitik bedeutet, so wird sie weder ihrem eigentlichen Sinn gerecht, noch wird sie auf die Dauer dem Betriebszweck wahrhaft dienen können. Es liegt deshalb im höchsten Dauerinteresse der Unternehmung selbst, daß

III. Begriff, Wesen und Aufgabe der betrieblichen Sozialpolitik.

die autonom-betriebliche Sozialpolitik — sowohl der eigenen als der fremden Unternehmung — wirkliche betriebliche Sozialpolitik ist. Wenn bei Beschluß und Handhabung von Maßnahmen sozialer Betriebspolitik die angedeuteten Zusammenhänge nicht außer acht gelassen werden, verschwindet die auf den ersten Blick vorhandene Diskrepanz von sozialer Betriebspolitik und betrieblicher Sozialpolitik. Wie eng beide miteinander verknüpft sein können, beweist insbesondere die Tatsache, daß manche Bemühungen — wie zum Beispiel das Bestreben, den Betrieb in Gang zu halten und seine Kapazität etwa durch Mehrschichtensysteme besser auszunutzen — sowohl betriebswirtschaftspolitische als betriebssozialpolitische Arbeit bedeuten, wie andererseits Maßnahmen sozialer Betriebspolitik — beispielsweise die Arbeitskonzentration zur 5-Tage-Woche — außer dem erwünschten betrieblichen Ergebnis auch ein allgemein-sozialpolitisch wünschenswertes Ergebnis im Gefolge haben können. Nicht zuletzt bleibt zu berücksichtigen, daß der autonom-betrieblichen Sozialpolitik eine ganze Reihe von Mitteln zur Verfügung steht, die nichts oder nur wenig kosten, wie insbesondere die Maßnahme hinsichtlich der Menschenordnung, der menschlichen Beziehungen im Betrieb, des Umgangs der Betriebsführer und Vorgesetzten mit den Ausführenden, wobei Reibungen, Konflikte und ernsthaftere Schwierigkeiten ausgeschaltet und ein angenehmer Betriebsgeist erreicht werden können. Letztlich darf nicht übersehen werden, „daß die Sozialpolitik nicht nur für den im Wirtschaftsprozeß stehenden Menschen, sondern auch für die Wirtschaft selbst und für ihre Rentabilität eine positive Bedeutung hat", wobei sich „die Aufgaben und die wirtschaftliche Bedeutung der betrieblichen Sozialpolitik im allgemeinen aus dem Interesse des Betriebes an der sicheren und gleichbleibenden Leistungsfähigkeit und einem reibungslosen Arbeiten" ergeben[13], oder wie Lechtape[14] bemerkt: „Eine Produktions-

---

[13] H. Studders: „Sozialpolitik in Betrieben". In: „Der wirtschaftliche Wert der Sozialpolitik" (Schriften der Gesellschaft für soziale Reform, 13. Bd., Heft 4/5). Jena 1931. S. 124 u. 127. Studders, der die Pflege und Stärkung der Leistungsfähigkeit und des Leistungswillens als Hauptaufgabe der betrieblichen Sozialpolitik herausstellt, nennt als Einzelaufgaben: 1. Auslese und Verteilung der Arbeitskräfte (Vorbildungs- und Fähigkeitsfeststellung, psychotechnische Eignungsprüfung); 2. Bestgestaltung der Arbeit (Arbeitsplatzgestaltung, Objektspsychotechnik, Betriebsorganisation und Arbeitsfluß); 3. Berufliche Qualifizierung der Arbeitskräfte (Anlernung, Ausbildung, Fortbildung); 4. Erhaltung der Leistungsfähigkeit (Leibes-

III. Begriff, Wesen und Aufgabe der betrieblichen Sozialpolitik. 73

politik, welche bei der Behandlung der menschlichen Arbeit die notwendigen sozialen Gesichtspunkte walten läßt, stärkt damit auch die Grundlagen der Produktion, damit aber auch die Voraussetzung für den materiellen Zusammenhalt der Gesellschaft und damit auch wiederum die Voraussetzungen für die Durchführung der Sozialpolitik."

Indessen, auch in der Gegenwart stellen nicht wenige Unternehmen den wirtschaftlichen Betriebserfolg über soziale Unzuträglichkeiten oder identifizieren ihn fälschlicherweise mit der volkswirtschaftlichen Produktivität; und von manchen Unternehmen gilt, was Sismondi vor mehr als 100 Jahren von englischen Baumwollfabrikanten sagte: daß ihr Streben dahin geht, sich die Dienste der Arbeiter „zum billigsten Preise zu sichern, solange sie ihrer bedürfen, und sie fortzuschicken, wenn sie krank oder alt werden, oder wenn keine Arbeit vorhanden ist, und der öffentlichen Wohltätigkeit ... zu überlassen, für ihr elendes Dasein zu sorgen"; sie kämpfen gegen ihre Arbeiter, „arbeiten für ihr Interesse und gegen das Interesse der Gesellschaft[15]". Bei dieser derzeitigen Tatsächlichkeit und künftigen Möglichkeit muß, wie die letzte Entscheidung über die Sozialpolitik überhaupt, so auch die letzte Entscheidung über die betriebliche Sozialpolitik beim Staate liegen. Hierbei ist jedoch auf die eigen- und einzigartige Aufgabe der autonom-betrieblichen Sozialpolitik Rücksicht zu nehmen. Die autonom-betriebliche Sozialpolitik ist einmal gerichtet auf die Erfüllung betriebssozialer Aufgaben, die sozusagen unmöglich vom Staat erkannt oder geregelt werden können, weil sie entweder derart der Sphäre des Persönlichen angehören — sowohl im Hinblick auf die Betriebsleitung als auf die sonstigen im Betrieb Tätigen —, daß eine gesetzliche Anordnung praktisch unwirksam sein muß, oder weil eine Lösung nur im Zusammenhang mit der besonderen Eigenart der einzelnen Betriebe durchführ-

---

übungen, Kulturpflege, wirtschaftliche Fürsorge, Wohlfahrtspflege); 5. Hebung der Unfallsicherheit (Unfallverhütungspropaganda, psychotechnische Auslese von Unfällen, Fähigkeitsschulung); 6. Stärkung des Arbeitswillens (Bestgestaltung der Beziehungen zwischen Betriebsleitung und Arbeitnehmern, Werkston, Menschenbehandlung, Schlichtung von Streitigkeiten, Kampf gegen Unruhe und Fluktuation).

[14] H. Lechtape: „Die menschliche Arbeit als Objekt der wissenschaftlichen Sozialpolitik". Jena 1929. S. 12.

[15] Simonde de Sismondi: „Neue Grundsätze der politischen Ökonomie". 2. Bd. Deutsch. Berlin 1902. S. 277.

bar ist. Darüber hinaus erstreckt sich der Aufgabenbereich der autonom-betrieblichen Sozialpolitik ganz allgemein in Richtung auf die Ergänzung der staatlich-betrieblichen Sozialpolitik. Naturgemäß kommen Übergänge und Überschneidungen beider Arten von Sozialpolitik vor. Aber so wie 1930 vom Verein für die bergbaulichen Interessen in Essen zusammen mit der Kommunalvereinigung für Gesundheitsfürsorge „Richtlinien über die Abgrenzung der Werksfürsorge von der kommunalen Wohlfahrtspflege[16]" aufgestellt wurden, so kann und muß auch eine — allerdings zu verschiedenen Zeiten verschiedenartige — Abgrenzung und ein bestimmtes Zusammenwirken von autonom-betrieblicher Sozialpolitik und staatlich-betrieblicher Sozialpolitik erfolgen. Dieses ist jedoch nicht möglich im Sinne einer schlichten Koordination beider. Gewiß, beide sind Formen der Gesellschaftspolitik, und von dem Sinn und den Aufgaben der Gesellschaftspolitik fließen dem Staat und dem Betrieb auf den gleichen Sinn gerichtete Aufgaben zu. Indessen kann — von den großen religiösen Sozialgebilden abgesehen — nur die Staatsführung neben der höheren Wahrscheinlichkeit einer objektiven Interessenvertretung zugunsten des Gemeinwohles eine solche wirksame Machtfülle aufbringen, die erforderlich ist, um den ergehenden Anordnungen eine angemessene Ausführung zu sichern. Das darf aber nicht dazu verleiten, den Hauptteil der betrieblichen Sozialpolitik dem Staat vorzubehalten, wenn auch einige grundlegend wichtige Angelegenheiten des Arbeitslebens — wie insbesondere Arbeitslohn und Arbeitszeit — in der Regel oder notfalls außerhalb der Betriebe gerade durch die seitens der staatlichen Sozialpolitik vorgesehenen Stellen bestimmt werden. Allerdings ist dem Staat ein beschränktes Aufsichtsrecht, ja eine Aufsichtspflicht gegenüber der autonom-betrieblichen Sozialpolitik zuzugestehen. Dies hat zu geschehen einmal dem Sinn und den Aufgaben des Staates gemäß, dem die Ordnung der Verhältnisse einer in bestimmter Form geeinten Gesellschaft obliegt, sodann um der Grenzen und der Beschränktheit der autonom-betrieblichen Sozialpolitik willen. Aber der Staat muß es vermeiden, durch seine sozialpolitische Kollektivgesetzgebung die unternehmerische soziale Initiative zu hemmen; er muß im Gegenteil über den gesetzlichen Zwang hinaus weitmöglichst Anregungen zu betriebssozialer Arbeit geben — was beispielsweise im 19. Jahrhundert die großen französi-

---

[16] Vgl. „Soziale Praxis", 39. Jahrg. (1930), Sp. 124.

III. Begriff, Wesen und Aufgabe der betrieblichen Sozialpolitik.

schen Industrieausstellungen besorgten¹⁷ —, um das soziale Minimum der sozialpolitischen Gesetzgebung durch die freie Initiative ergänzen zu lassen. Die Staaten haben denn auch der Tatsache, daß der Betrieb einen freiheitlichen Lebensraum verlangt, im letzten Jahrhundert eher allzusehr als zu wenig entsprochen. Es kann nicht gesagt werden, daß die Unternehmensleiter die autonom-betriebliche Sozialpolitik im Interesse einer gesunden sozialen Ordnung und einer wünschenswerten sozialen Wohlfahrt nach ihren Möglichkeiten auch nur annähernd ausgeschöpft und in der tatsächlichen Vertretung der betrieblichen Sozialpolitik stets eine glückliche Hand bewiesen hätten, wenngleich auch eine Fülle unternehmerischer Verdienste bzw. Maßnahmen zu verzeichnen sind, welche nicht selten noch heute Beachtung und Nacheiferung verdienen. Wie fruchtbar staatliche Anregungen sozialpolitischer Art in allgemeinen oder besonderen Aufforderungen oder Hinweisen sein können, hat sich während einer ganz kurzen Zeit im nationalsozialistischen Deutschland gezeigt¹⁸.

---

¹⁷ Starke Anregungen gingen beispielsweise von der Pariser Weltausstellung des Jahres 1867 aus, die auf Vorschlag Le Plays erstmals Preise verteilte „zugunsten von Personen, Etablissements oder Ortschaften, die durch allgemeine oder besondere Einrichtungen die gute Harmonie unter all denen, welche bei denselben Arbeiten beschäftigt sind, befördert und das materielle, sittliche und intellektuelle Wohl ihrer Arbeiter sichergestellt haben". Die zu belohnenden Verdienste waren: 1. Anstalten zur Fürsorge gegen Not und Verarmung. 2. Anstalten zur Beseitigung des Lasters. 3. Anstalten zur Hebung des intellektuellen und moralischen Zustandes des Arbeiters. 4. Auf die Verbesserung der Lage des Arbeiters abzielende Organisationen der Arbeit und der Löhnung. 5. Unterstützungen, um den Arbeiter seßhaft zu machen. 6. Angewöhnung an Sparsamkeit. 7. Eintracht zwischen den bei denselben Arbeiten beschäftigten Personen. 8. Permanenz guter Beziehungen zwischen den bei denselben Arbeiten beschäftigten Personen. 9. Verbindung landwirtschaftlicher und industrieller Arbeiten. 10. Eigentum der Wohnungen oder dauernde Mietung. 11. Sorgfalt für die Unverdorbenheit der Mädchen. 12. Rücksicht auf die Pflichten der Hausfrau. 13. Besondere Verdienste. Vgl. A. Le Roux: „Die Pflege der Eintracht in Fabriken usw." Offizieller Bericht. Stuttgart 1868.

¹⁸ So nahm beispielsweise die J. G. Farben ein umfangreiches Arbeitsbeschaffungsprogramm in Angriff, gewährte die Kaisers Kaffeegeschäft G.m.b.H. allen ihren weiblichen Arbeitnehmern, die wenigstens drei Jahre bei ihr beschäftigt waren und infolge Heirat ausschieden, eine Ehestandsbeihilfe von 300 RM., traf die Leitung der Bayerischen Stickstoffwerke AG. mit der Belegschaft ihres Werkes in Piesteritz ein Abkommen über Jahres-

durchschnittslöhne, das die Belegschaft gegen die Nachteile von Konjunktur- und Saisonschwankungen schützen soll (die Arbeit wird so eingeteilt, daß jeder Arbeiter im Jahresdurchschnitt die 40-Stundenwoche durchführt und auf dieser Grundlage seinen Arbeitsplatz gesichert erhält). Die Krupp-Werke richteten Anfang September 1933 in ihrer Gußstahlfabrik eine Werkstatt her, welche der Schulung von Arbeitslosen dienen sollte (eine Veranstaltung in Gemeinschaft und unter der Obhut des Essener Arbeitsamtes). Im Konzern der Vereinigten Glanzstoffabriken AG. wurden umfangreiche Versuche vorgenommen, um Frauenarbeit durch Männerarbeit in den Fabriken zu ersetzen. Die Stader Lederwerke haben auf Anregung der NSBO. eine Beteiligung der Arbeiter am Gewinn eingeführt und 1934 den Betrag von 15000 RM. an die Belegschaft zur Verteilung gebracht, wobei im Durchschnitt jeder Arbeiter etwa 40—80 RM., je nach der Dauer seiner Beschäftigungszeit im Betrieb, erhielt. Der Rheinische Braunkohlenbergbauverein gewährte Anfang 1934, um dem Gedanken der Betriebsverbundenheit sichtbaren Ausdruck zu geben, mit sofortiger Wirkung denjenigen Arbeitern, die nach Eintritt der Volljährigkeit mindestens fünf Jahre ununterbrochen bei der Gesellschaft tätig waren, freiwillig eine Verlängerung der Kündigungsfrist für etwaige Entlassungsfälle auf einen Monat.

Schlußbemerkung.

Eine Nachprüfung der Tatsachen und eine Besinnung auf das Grundsätzliche der betrieblichen Sozialpolitik erweist, daß es schon heute durchaus möglich ist, ein wissenschaftlich begründetes System der betrieblichen Sozialpolitik aufzubauen bzw. insbesondere der Staatsleitung und den Unternehmern solches Tatsachenwissen und solche grundsätzlichen Kenntnisse zu vermitteln, welche den Aufbau einer allzu lange vernachlässigten betrieblichen Sozialpolitik als Glied einer umfassenden Sozial- oder Gesellschaftspolitik erlauben.

Dieser Erweis war das Ziel der vorliegenden Studie, die ihres Zweckes wegen das Geschehen und die Verhältnisse ganz verschiedener Länder und die Probleme ganz allgemein behandelt. Durch die Erfüllung der gestellten Aufgabe werden die Wege geebnet zur wissenschaftlichen Behandlung von Einzelheiten und Spezialfällen, vor allem zur weitausgreifenden Betrachtung der Verhältnisse im eigenen Lande, d. h. zum Aufbau einer völkischen oder nationalen betrieblichen Sozialpolitik als Diener einer sozialen Betriebsführung.

Es ist aus Raumgründen[1] nicht möglich, nunmehr eine systematische Betrachtung des derzeitigen Standes der betrieblichen Sozialpolitik im nationalsozialistischen Deutschland nach Idee und Wirklichkeit durch das Licht der Ergebnisse unserer Forschung zu besorgen. Es bleibt nur noch Raum für einige Schlußbemerkungen.

---

[1] Da es bisher an einer Grundlegung der betrieblichen Sozialpolitik sozusagen gänzlich gefehlt hat, schien es geboten, den hier zur Verfügung stehenden Raum von vier Bogen auf die Grundlegung zu verwenden und die Behandlung der Problematik vom Boden des Nationalsozialismus einer folgenden Studie — durch den Verfasser dieser Studie oder durch irgend jemand anders — vorzubehalten.

Die vorliegende Studie wurde im Frühjahr 1933 besorgt und in der Folgezeit in keinem Punkte wesentlich geändert, nur im Oktober 1934 mit den notwendigen Ergänzungen versehen. Die Veröffentlichung verzögerte sich durch Veränderungen im Bestand mehrerer wissenschaftlicher Zeitschriften.

Schlußbemerkung.

Im letzten Grunde ist Sozialpolitik nicht etwas, das als völlig neue Tatsache erst etwa im 19. Jahrhundert in Erscheinung getreten wäre. Sozialpolitik ist nahezu so alt wie alle Politik. Der Begriff der Politik bezog sich ursprünglich auf das „Gemeinwesen" (polis), auf die staatlich geeinte Gesellschaft und bezweckte die Erhaltung des Gemeinwesens nach innen und außen. Von den kleinen Gemeinwesen — etwa den Stadtstaaten — wurde der Begriff der Politik auf die größeren Gemeinwesen übertragen und erhielt dabei allmählich eine gewisse Verengung. Aber noch Althusius konnte definieren: „Politica est ars, homines ad vitam socialem constituendam, colendam et conservandam consociandi." Ähnlich hat auch der Begriff der Sozialpolitik im Laufe der Zeit eine Verengung erfahren. Anfänglich erschien die Sozialpolitik als Gesellschaftspolitik, d. h. als Gestaltungsversuch, der ganz allgemein auf eine Ordnung der Verhältnisse zusammenlebender Menschen gerichtet ist, und deckte sich in einem Sinne, wenn auch nur schattenhaft, mit der staatlichen Innenpolitik[2]. In dem Ausmaße aber, wie der

---

[2] So schon Geck: „Autonom-betriebliche Sozialpolitik". S. 316—317. — Bemerkenswerte Belege zu dieser von den Sozialpolitikern nur zu oft übersehenen Tatsache finden sich in einigen französischen Schriften aus der ersten Hälfte des 19. Jahrhunderts. In der 2. Auflage der „Bases de la politique positive. Manifeste de l'école sociétaire, fondée par Fourier", Paris 1842, heißt es: „Le véritable but de la Politique consiste à enchaîner au bien commun tous les ordres de l'État"; es wird jedoch hingewiesen auf „einen großen Irrtum unserer Zeit, alle Übel, an welchen die Gesellschaft krankt, dem schlechten Willen oder den Fehlern der Regierungen zuzuschreiben" (S. 14—15). Neben diese alte Auffassung tritt als neue Definition der Politik: „La Politique, en prenant l'expression dans le sens élevé que nous lui donnons ici, et, qu'il serait bien temps de lui restituer, la Politique est la Science de l'Existence, de la Vie des Sociétés, la Connaissance des Lois fondamentales de l'Hygiène du Corps social." Nach weiterer Umschreibung des Objekts heißt es dann, daß die Schrift nur die Entwicklung einer „Politique entièrement nouvelle" bringt, auf deren weitem und fruchtbarem Feld die verschiedenen Parteien, die sich heute noch bekämpfen, völlige Befriedigung ihrer jeweiligen Prinzipien finden dürften (S. 32—33). — Schon neun Jahre vorher ist der Ausdruck Sozialpolitik nachweisbar bei Jules Lechevalier: „Question sociale. De la réforme industrielle, considérée comme problème fondamentale de la politique positive", Paris 1833, wo auf S. 72—76 von einer „neuen Politik" die Rede ist, die bislang den nach der Gewohnheit handelnden Vertretern der übrigen Politik unbekannt blieb. „Diese Politik kann keinen anderen Namen annehmen, als den einer Gesellschaftspolitik (politique d'association, ou plutôt politique sociétaire, afin

Staat mehr und mehr die Sozialpolitik als ein neues Aufgabengebiet seiner Tätigkeit für sich in Anspruch nahm, wandelte sich die herkömmliche Auffassung von der Sozialpolitik — wenn auch nicht in der Wissenschaft schlechtweg, so doch in der Praxis staatlicher Setzung und Handhabung sozialpolitischer Maßnahmen. Im Laufe des 19. und 20. Jahrhunderts wurde die Sozialpolitik immer mehr vorbeugende oder abhelfende Notstandspolitik, vor allem im Hinblick auf einzelne Volksschichten.

Hiergegen haben manche Wissenschaftler Einspruch erhoben, ohne jedoch einer sozialorganischen Auffassung der Sozialpolitik Anerkennung und Befolgung verschaffen zu können. Mit dem Regierungsantritt des Nationalsozialismus erfolgte ein Umbruch, dessen neuer Weg im Prinzip sozialorganisch orientiert ist. Da amtliche Verlautbarungen nur in sehr geringem Maße vorliegen, müssen unsere Schlußbemerkungen sich vorzüglich halten an die Äußerungen von Nationalsozialisten, die zwar durchweg als privat gelten, aber doch Beachtung verlangen dürfen, weil sie wenigstens zum Teil von höchsten Amtsträgern kommen. So unklar und einander widersprechend solche Äußerungen oft sind, so läßt sich ihnen doch einiges mit Sicherheit entnehmen.

---

de nous distinguer de tous ceux qui émettent le voeu d'association universelle, et qui n'apportent que des solutions subversives)." Als Grundaxiom dieser politique sociétaire oder Sozialpolitik wird bezeichnet, daß jede Maßnahme, die sie vorschlägt, gleichzeitig im Interesse aller drei Klassen liegt, der Reichen, der Mittleren und der Armen, sowohl im Interesse der talentvollen Menschen als der Arbeiter von Stadt und Land, sowohl im Interesse der Menschen mit Namen, Vermögen oder sozialer Funktion, als auch der noch nicht hierzu Gelangten. Dieses ihr Prinzip macht die Sozialpolitik zu einem „Mittel der Bewahrung und der Entwicklung" des „sozialen Körpers". Eine entsprechende Auffassung bildet die Grundlage des 1849 von Lavergne-Péguilhen in der Ersten preußischen Kammer eingebrachten Antrages: „Die Kammer wolle beschließen: Die Regierung zur Errichtung eines sozialpolitischen Zentralinstitutes aufzufordern, dessen Aufgabe es sein wird, in ununterbrochener Beobachtung die gesellschaftlichen Verhältnisse zu erforschen; die darauf bezüglichen Gesetzentwürfe oder praktischen Unternehmungen vorzubereiten oder zu begutachten; für die Ausbildung der Gesellschaftswissenschaft zu einer Erfahrungswissenschaft als Unterlage zu dienen; allen auf Erkenntnis und Reform der Gesellschaft gerichteten Bestrebungen einen Mittelpunkt darzubieten und die Staatsregierung mit der Entwicklung der Gesellschaft in stetem gegenseitigen Rapport zu erhalten."

Schlußbemerkung.

Was zunächst die Auffassung der Sozialpolitik angeht, dürfte fest=
stehen, daß im neuen Deutschland die Sozialpolitik wieder als integraler
und organischer Teil der Politik überhaupt angesehen wird und gehand=
habt werden soll. Walter Schuhmann, der Führer des Gesamtverbandes
der Deutschen Arbeiter und der NSBO., und Ludwig Brucker, sein stell=
vertretender Führer, haben wiederholt, zuletzt in ihrem umfassenden
Buch[3], zum Ausdruck gebracht: „Sozialpolitik ist ein Teil der all=
gemeinen Staatspolitik und kann niemals losgelöst von ihr, gleichsam
im luftleeren Raum, betrieben werden. Sozialpolitik muß der all=
gemeinen Staatspolitik dienstbar sein. Denn noch so berechtigte sozial=
politische Bedürfnisse eines Teiles des Volkes können nicht erfüllt
werden, wenn diese Erfüllung gegen das Gesamtwohl des Volkes ver=
stoßen würde. Anderseits ist Sozialpolitik unlösbar an die allgemeine
Staatspolitik und damit an das Schicksal des gesamten Volkes ge=
bunden... Deutsche Sozialpolitik im nationalsozialistischen Reich ist
deshalb stets ausgerichtet auf das allgemeine nationale Wollen...
Sozialpolitik ist nicht eine auf alle anderen Gebiete Rücksicht nehmende
untergeordnete politische Tätigkeit, sondern sie ist vollwertige, gleich=
wichtige Politik. Sozialpolitik ist unentbehrliches organisches Glied der
gesamten Staatspolitik[4]."

---

[3] Schuhmann u. Brucker: „Sozialpolitik im neuen Staat". Berlin=
Charlottenburg 1934.

[4] Mit diesen Darlegungen von Schuhmann u. Brucker scheint ihre eigene
Definition der Sozialpolitik allerdings in Gegensatz zu stehen durch ihre Be=
schränkung auf die wirtschaftlich Tätigen; denn auch andere, beispielsweise die
künstlerisch Tätigen, müssen Gegenstand der Sozialpolitik sein. Die Definition
lautet: „Sozialpolitik ist die Summe aller Bemühungen und Tätigkeiten, die
sich auf den wirtschaftliche Arbeit verrichtenden Volksgenossen und sein Ver=
hältnis zur Umwelt und zum Staate bezieht. Wenngleich so Sozialpolitik
nicht n u r den Arbeiter und Angestellten, sondern ebenso den Mittelstands=
angehörigen und etwa den deutschen Bauer umfaßt, bezieht sich Sozialpolitik
im engeren Sinne praktisch nur auf den in abhängiger wirtschaftlicher
Lohnarbeit stehenden Volksgenossen, damit auf den Arbeiter und An=
gestellten" (Sperrungen im Original). Vgl. daneben die Definition von
F. Meystre: „Sozialpolitik. Der Versuch einer neuen Begriffsbestimmung".
In: „NS.=Sozialpolitik", Februar 1934, S. 109: „Sozialpolitik ist der Teil
der gesamten nationalsozialistischen Staatspolitik, der sicherstellt, daß der
kulturelle und wirtschaftliche Lebensraum des einzelnen Volksgenossen in
der völkischen Lebensgemeinschaft allein von der Leistung und der Rücksicht
auf das Gesamtwohl des Volkes bestimmt ist."

Schlußbemerkung.

In dieser organischen Grundhaltung wird allerdings zuweilen übersehen, daß — um im Bilde des menschlichen Körpers zu bleiben — die Organe eine gewisse, wenn auch beschränkte Eigenkraft besitzen. Daher ist es falsch, wenn F. Meystre[5] erklärt: „Der Träger der Sozialpolitik ist im Dritten Reich einzig und allein der Staat"; und teilweise falsch, teilweise schief ist auch die Behauptung von Kurt Schaaf[6]: „Zwar erhält der Unternehmer, der Führer des Betriebes, einen größeren sozialpolitischen Aufgabenbereich, aber nur in seiner Eigenschaft als ein vom Staat beauftragter Treuhänder. Der Staat hat dem Unternehmer eine sozialpolitische Funktion gegeben, die er erfüllen muß." Denn der Staat ist nicht das Erste, sondern die nationalsozialistische Idee ist das Erste, die nationalsozialistische Wirklichkeit das Ziel. Es gilt, über alles die nationalsozialistische Idee zu verwirklichen in den Einzelmenschen — von den Führern bis zum letzten Mann — wie in den Organteilen des Volkes; und hierzu ist der Staat Diener des Volkes, wie Friedrich der Große sich den ersten Diener des Staates nannte. So wie Volk und Staat nur leben und blühen können durch die Kraft und Mitwirkung der Einzelnen und Gruppen — und nicht durch die Staatstätigkeit allein, erst recht nicht durch Staatsmacht und Staatsgewalt —, so muß die ursprüngliche Kraft der Einzelnen wie der Gruppen an der Verwirklichung der Idee arbeiten, d. h. sie müssen in lebendigem Voraugenhalten des Idealgebildes die der Idee entsprechende Politik in Einzelheiten und im großen Ganzen von sich aus zu verwirklichen suchen — solange der Staat nicht gesprochen hat nach eigenem bestem Ermessen, sonst im Rahmen des staatlich Angeordneten —; sie dürfen nicht untätig auf die Formulierungen der Staatsleitung bzw. des obersten Führers warten. Denn auch diese sind letztlich nur Diener der Idee und ihrer Übertragung in die Wirklichkeit, die nur ganz allmählich den Bereich ihrer Aufgaben erfüllen können, und zwar nur dann, wenn jedes Volksglied und jedes Volksorgan die seiner ursprünglichen Kraft entsprechende Mitarbeit leistet. In diesem Sinne muß es als ursprüngliche Betriebsaufgabe angesehen werden, für ein geordnetes Verhältnis der Betriebsglieder untereinander und für deren Wohlfahrt in zunächst eigener Verantwortung zu sorgen; mit anderen Worten: Betrieb-

---

[5] F. Meystre: „Sozialpolitik". Wie vorige Fußnote.
[6] K. Schaaf: „Sozialpolitik des Betriebes". In: „Die Deutsche Volkswirtschaft", Jahrg. 1934, Nr. 18, S. 564.

liche Sozialpolitik ist eine ursprüngliche Aufgabe der Betriebe, eine Aufgabe, welche die nationalsozialistischen Prinzipien von der Ausrichtung allen Handelns auf das Gemeinwohl und von der Beteiligung der Einzelnen am Gemeinwohl je nach ihrer Leistung als grundlegende Richtsätze besitzt[7].

Noch fehlt es weitgehend an klaren Erkenntnissen, mit welchen Mitteln die Betriebsordnung und die Betriebswohlfahrt durch die betriebliche Sozialpolitik im nationalsozialistischen Sinne zu verwirklichen ist. Aber es steht zu hoffen, daß die selbst heute noch in den nationalsozialistischen Reihen weitverbreitete Auffassung, es käme nur auf den richtigen nationalsozialistischen Geist an, bald überwunden ist zugunsten jener Überzeugung, die nachdrücklich darauf hinweist, daß eine nationalsozialistische Ideenverwirklichung ohne eingehendes Wissen von ganz bestimmten Tatsachen und Möglichkeiten ebenso ausgeschlossen ist, wie daß ein Geist ohne Steine Häuser bauen könnte[8].

Die bisherigen Verlautbarungen — nicht zuletzt das Gesetz zur Ordnung der nationalen Arbeit — machen deutlich, daß die organische Auffassung des Gesellschafts- und Staatslebens im Nationalsozialismus den Betrieb als Wirkungsstätte zur materiellen Erhaltung des Volkes und als neben der Familie mitbedeutsamsten Zelle des Gesellschaftslebens — wie als ein Glied der berufsständischen Ordnung, wovon jedoch in letzter Zeit nicht mehr gesprochen wird — stark in den Vordergrund der Aufmerksamkeit rückt. Das Gesetz zur Ordnung der nationalen Arbeit hat bereits wahrgemacht, was der Führer der Deutschen Arbeitsfront, Robert Ley, Mitte 1933 erklärte: "Deshalb wird der

---

[7] Sehr recht hatte daher Reichskanzler Brüning, wenn er 1932 betonte: „Der Grundgedanke einer guten Sozialpolitik muß Arbeitgeber und Arbeitnehmer die Pflicht erkennen lassen, ihre Angelegenheiten gemeinsam unter möglichst eigener Verantwortung und unter möglichst geringer Einmischung des Staates zu regeln."

[8] Ein Beweis für die bessere Einsicht ist beispielsweise die am 2. Juni 1934 im Mitteilungsblatt der Reichsbetriebsgemeinschaft Bergbau „Deutscher Bergbau" vertretene Forderung nach Sozialreferenten in der Leitung großer Unternehmen mit der Begründung: „Dem Kaufmann die kaufmännische, dem Juristen die juristische, dem Techniker die technische, aber dem Sozialreferenten die sozialistische Führung des Betriebes! Das ist die richtige Einteilung der Arbeit, denn die sozialistische Führung des Betriebes ist kein nach- oder untergeordnetes Anhängsel, sondern steht heute den anderen gleichgeordnet."

ständische Aufbau als Erstes dem natürlichen Führer eines Betriebes, d. h. dem Unternehmer, die volle Führung wieder in die Hand geben und damit aber auch die volle Verantwortung aufladen." Bei anderer Gelegenheit ergänzte Ley, daß die Verantwortlichen der Wirtschaft sich nicht genügen lassen dürfen, nur ihre Pflicht zu tun. „Sie dürfen nicht in den ihnen anvertrauten Unternehmen und Werkstätten bloß eine mechanistische Zueinanderordnung, bloß Gebilde von Verstand und Eisen sehen." Sie müssen den Betrieb zu einer organischen Gemeinschaft machen, in welcher der Arbeitsfriede dadurch gesichert wird, „daß bei den Betriebsführern das Verständnis für die berechtigten Ansprüche ihrer Gefolgschaft, bei den Gefolgschaften das Verständnis für die Lage und die Möglichkeiten ihres Betriebes" vorhanden ist (§ 7 des Arbeitsfrontgesetzes vom 24. Okt. 1934). Die „Gemeinschaft Betrieb" ist nicht nur „Voraussetzung für die Verbesserung des wirtschaftlichen Wirkungsgrades", sondern auch Voraussetzung, um die Volksgemeinschaft aus den Betrieben herauswachsen zu lassen. Hierzu müssen die Betriebsleiter lernen, „die in den Betrieben wirkenden Kräfte zu erkennen und sie auf das höchste Ziel, auf die Nation, auszurichten". Das heißt in unserer wissenschaftlichen Formulierung: Die deutschen Unternehmer müssen eine Initiative zur betrieblichen Sozialpolitik entfalten, welche der Erfüllung aller derjenigen sozialen Aufgaben dient, die vom Betrieb aus geleistet werden können.

Mehr als bisher müssen und können die Unternehmer und Betriebsleiter, die Betriebsführer im neuen Deutschland wie in der ganzen Welt neben wirtschaftlichem Wagemut eine soziale Initiative entfalten!

Printed by Libri Plureos GmbH
in Hamburg, Germany